I0536585

DISCLAIMER

The author and publisher are providing this book and its contents on an "as is" basis and make no representations or warranties of any kind with respect to this book or its contents. The author and publisher disclaim all such representations and warranties, including but not limited to warranties of merchantability. In addition, the author and publisher do not represent or warrant that the information accessible via this book is accurate, complete, or current.

Except as specifically stated in this book, neither the author nor publisher, nor any authors, contributors, or other representatives will be liable for damages arising out of or in connection with the use of this book. This is a comprehensive limitation of liability that applies to all damages of any kind, including (without limitation) compensatory; direct, indirect, or consequential damages; loss of data, income, or profit; loss of or damage to property; and claims of third parties.

FIRST EDITION - Published 2022

Extra Graphic Material From: www.freepik.com
Thanks to: Alekksall, Starline, Pch.vector, Rawpixel.com, Vectorpocket, Dgim-studio, Upklyak, Macrovector, Stockgiu, Pikisuperstar & Freepik.com Designers

This Book Comes With Free Bonus Puzzles

Available Here:

BestActivityBooks.com/WSBONUS20

5 TIPS TO START!

1) HOW TO SOLVE

The Puzzles are in a Classic Format:

- Words are hidden without breaks (no spaces, dashes, ...)
- Orientation: Forward & Backward, Up & Down or in Diagonal (can be in both directions)
- Words can overlap or cross each other

2) ACTIVE LEARNING

To encourage learning actively, a space is provided next to each word to write down the translation. The **DICTIONARY** allows you to verify and expand your knowledge. You can look up and write down each translation, find the words in the Puzzle then add them to your vocabulary!

3) TAG YOUR WORDS

Have you tried using a tag system? For example, you could mark the words which have been difficult to find with a cross, the ones you loved with a star, new words with a triangle, rare words with a diamond and so on...

4) ORGANIZE YOUR LEARNING

We also offer a convenient **NOTEBOOK** at the end of this edition. Whether on vacation, travelling or at home, you can easily organize your new knowledge without needing a second notebook!

5) FINISHED?

Go to the bonus section: **MONSTER CHALLENGE** to find a free game offered at the end of this edition!

Want more fun and learning activities? It's **Fast and Simple!**
An entire Game Book Collection just **one click away!**

Find your next challenge at:

BestActivityBooks.com/MyNextWordSearch

Ready, Set... Go!

Did you know there are around 7,000 different languages in the world? Words are precious.

We love languages and have been working hard to make the highest quality books for you. Our ingredients?

A selection of indispensable learning themes, three big slices of fun, then we add a spoonful of difficult words and a pinch of rare ones. We serve them up with care and a maximum of delight so you can solve the best word games and have fun learning!

Your feedback is essential. You can be an active participant in the success of this book by leaving us a review. Tell us what you liked most in this edition!

Here is a short link which will take you to your order page.

BestBooksActivity.com/Review50

Thanks for your help and enjoy the Game!

Linguas Classics Team

1 - Food #1

```
B  A  S  I  L  I  K  A  M  X  Z  H  G  S
C  L  O  E  T  S  O  K  J  U  I  C  E  P
M  C  P  J  T  O  P  J  Ö  N  E  I  K  E
L  J  P  O  A  C  N  A  L  L  E  T  A  N
Y  L  A  R  K  K  C  F  K  F  W  R  N  A
K  D  O  D  J  E  I  A  I  T  W  O  E  T
P  Z  N  G  O  R  T  P  S  S  J  N  L  V
L  R  U  U  R  R  A  R  B  A  K  V  Ö  L
N  O  P  B  D  V  F  I  T  L  F  A  K  U
N  A  K  B  N  E  R  K  B  T  H  D  T  A
V  I  T  L  Ö  K  O  O  S  A  L  L  A  D
M  O  R  O  T  N  V  S  K  O  R  N  G  G
P  Ä  R  O  N  U  A  S  V  M  X  A  O  K
E  K  D  R  P  L  O  G  W  H  X  B  Y  D
```

APRIKOS	JORDNÖT
KORN	PÄRON
BASILIKA	SALLAD
MOROT	SALT
KANEL	SOPPA
VITLÖK	SPENAT
JUICE	JORDGUBB
CITRON	SOCKER
MJÖLK	TONFISK
LÖK	ROVA

2 - Castles

```
M X W R E N H Ö R N I N G H
R U S T N I N G C N O C J J
U P S P H Ä S T O R N W B A
S K A T A P U L T I N M Y X
S K Ö L D P R I N S E S S A
V Ä G G A K R I K E P X V I
H X D G R T R R D C N C Ä M
H H F A A R S O B D H O R P
Ä D E L I T D U N R A P D E
L S O W G C J X W A T R G R
A L D Y N A S T I K S I E I
W N A U N O M R G E M N U U
R B L W I R X H O O O S K M
F Ä N G E L S E H Å L A X M
```

RUSTNING	RIDDARE
KATAPULT	ÄDEL
KRONA	PALATS
DRAKE	PRINS
FÄNGELSEHÅLA	PRINSESSA
DYNASTI	SKÖLD
IMPERIUM	SVÄRD
FEODAL	TORN
HÄST	ENHÖRNING
RIKE	VÄGG

3 - Exploration

```
Y  S  U  A  A  K  T  I  V  I  T  E  T  E  R
R  P  A  P  V  H  E  O  U  H  E  P  Y  E
B  I  C  P  P  L  V  Y  F  A  R  L  I  G
E  X  S  W  S  T  Ä  T  I  S  R  R  V  N
S  X  P  K  W  K  Ä  G  W  U  Ä  E  I  G
T  U  Ä  X  E  K  M  C  S  L  N  S  L  J
Ä  U  N  B  U  R  S  A  K  E  G  A  D  M
M  G  N  N  F  S  P  W  N  T  D  D  P
N  B  I  Y  E  Y  R  C  F  V  R  Y  M  D
I  O  N  A  X  H  Å  O  K  Ä  N  D  O  J
N  A  G  G  E  Z  K  N  B  H  X  Y  D  U
G  K  U  L  T  U  R  E  R  S  S  N  V  R
U  T  M  A  T  T  N  I  N  G  K  Z  C  B
H  A  N  R  R  D  F  I  E  Y  S  R  I  Y
```

AKTIVITET	RISKER
DJUR	SPRÅK
MOD	NY
KULTURER	FARLIG
BESTÄMNING	RYMD
UPPTÄCKT	TERRÄNG
AVLÄGSEN	RESA
SPÄNNING	OKÄND
UTMATTNING	VILD

4 - Measurements

```
V  J  E  C  E  N  T  I  M  E  T  E  R  U
Z  O  W  P  K  I  L  O  M  E  T  E  R  A
K  I  L  O  G  R  A  M  U  M  G  T  E  E
E  L  B  Y  T  E  E  I  N  A  H  Ö  J  D
U  I  W  R  M  T  X  N  S  S  N  U  Y  K
M  L  Ä  N  G  D  J  U  P  S  O  W  U  U
M  E  T  E  R  Y  E  T  V  A  V  S  O  J
U  O  G  R  A  D  F  C  L  I  T  E  R  D
D  L  L  X  M  C  X  I  I  F  K  T  O  N
W  G  T  U  M  R  M  R  X  M  B  T  R  C
B  R  E  D  D  Z  M  O  F  V  A  P  E  F
E  A  F  G  Z  N  K  D  G  Y  R  L  V  D
D  K  Y  B  U  D  P  H  G  P  X  M  H  Y
H  X  Y  P  M  G  E  K  U  H  V  A  A  G
```

BYTE	LÄNGD
CENTIMETER	LITER
DECIMAL	MASSA
GRAD	METER
DJUP	MINUT
GRAM	UNS
HÖJD	TON
TUM	VOLYM
KILOGRAM	VIKT
KILOMETER	BREDD

5 - Farm #2

```
A N K A L X V E T E F B O N
K O L A L G L M D G R O L I
D W O A E F A F T H U N W D
M G O V S R D B V P K D P J
S Ä R E C U A R O H T E Z U
U N L Ö U K A K I J T A G R
S G X K N T A I T M R Y D D
F P H O K S M S R J Ä T L M
H Å E M A T A K A Ö D Z A Z
E N R B A J H K K L G X M E
S K D O T J G X T K Å D M J
O O E A X I S P O V R L L J
T R L A M A W G R F D E S D
H N B E V A T T N I N G W E
```

DJUR	LAMA
KORN	ÄNG
LADA	MJÖLK
MAJS	FRUKTTRÄDGÅRD
ANKA	FÅR
BONDE	HERDE
MAT	TRAKTOR
FRUKT	GRÖNSAK
BEVATTNING	VETE
LAMM	

6 - Books

```
D S B H U T K E H L L C E B
D K P W Y Y X P I T H O H E
Y R H U M O R I S T I S K R
F I R C B X O S T D B D Ä Ä
I V H L J C M K O U E U V T
R S P V Ä X A B R A R O E T
G A G Y V S N W I L Ä G N E
J P D V D E A U S I T D T L
K O V H R S R R K T T I Y S
R E L E V A N T E E A K R E
S S T R A G I S K T R T W Y
L I T T E R Ä R C E E I C H
H I D F Ö R F A T T A R E D
Z B A A S A M L I N G U A V
```

ÄVENTYR	SIDA
FÖRFATTARE	DIKT
SAMLING	POESI
DUALITET	LÄSARE
EPISK	RELEVANT
HISTORISK	RAD
HUMORISTISK	BERÄTTELSE
LITTERÄR	TRAGISK
BERÄTTARE	SKRIVS
ROMAN	

7 - Meditation

```
T  P  E  R  S  P  E  K  T  I  V  A  U  V
E  A  G  Y  M  U  S  I  K  I  A  Y  P  Ä
V  V  O  M  T  D  S  Y  T  W  N  B  P  N
M  A  D  F  Y  E  A  B  K  W  O  S  M  L
E  T  K  R  S  I  N  N  E  I  R  S  Ä  I
D  A  Ä  E  T  Z  X  A  E  P  S  W  R  G
K  C  N  D  N  P  L  R  T  L  R  K  K  H
Ä  K  N  U  A  Y  X  I  K  U  Ö  K  S  E
N  S  A  G  D  V  M  G  L  G  R  Ä  A  T
S  A  N  E  D  L  L  X  A  N  E  N  M  A
L  M  D  A  N  D  A  S  R  I  L  S  H  N
A  H  E  S  X  T  G  W  H  C  S  L  E  K
X  E  B  X  Y  I  K  S  E  C  E  O  T  A
O  T  Y  A  S  H  R  N  T  N  L  R  R  R
```

GODKÄNNANDE	VÄNLIGHET
UPPMÄRKSAMHET	PSYKISK
VAKEN	SINNE
ANDAS	RÖRELSE
LUGN	MUSIK
KLARHET	NATUR
MEDKÄNSLA	FRED
KÄNSLOR	PERSPEKTIV
TACKSAMHET	TYSTNAD
VANOR	TANKAR

8 - Days and Months

```
T  V  E  C  K  A  C  Y  T  W  B  I  E  P
E  I  A  X  O  K  T  O  B  E  R  I  U  P
D  X  S  P  M  M  Å  N  D  A  G  X  R  M
L  Ö  R  D  A  G  P  O  W  J  W  O  D  C
I  M  Y  U  A  A  Y  V  B  W  L  K  O  X
M  Å  N  A  D  G  F  E  B  R  U  A  R  I
A  U  G  U  S  T  I  M  O  A  Z  L  T  J
J  A  N  U  A  R  I  B  W  N  P  J  C  O
C  Y  O  C  E  G  N  E  F  Z  S  R  Z  N
T  O  R  S  D  A  G  R  R  A  Ö  D  I  Y
K  A  L  E  N  D  E  R  E  J  N  F  A  L
Z  E  Z  T  A  I  Z  L  D  U  D  S  E  G
M  Å  R  H  M  A  R  S  A  L  A  A  D  L
E  E  J  C  D  O  W  E  G  I  G  H  L  S
```

APRIL
AUGUSTI
KALENDER
FEBRUARI
FREDAG
JANUARI
JULI
MARS
MÅNDAG
MÅNAD

NOVEMBER
OKTOBER
LÖRDAG
SÖNDAG
TORSDAG
TISDAG
ONSDAG
VECKA
ÅR

9 - Chess

```
M K U N G P O Ä N G T W S T
O H T T Ä V L I N G M P P U
T P M I A I M Ä S T A R E R
S N A P D T S P P V U Z L N
T P N J B N H K E P A D V E
Å A I Y B F B C L A D R E R
N S N Z A T S T A I R E T I
D S G F C O F F R A O G T N
A I A U E Y D F E C T L M G
R V R I V B A A E X T E J U
E K S T R A T E G I N R F E
M X F T P U R M R J I B O I
R C L U G D I A G O N A L A
D F G R H D W V B V G N O K
```

SVART   SPELARE
UTMANINGAR   POÄNG
MÄSTARE   DROTTNING
TÄVLING   REGLER
DIAGONAL   OFFRA
SPEL   STRATEGI
KUNG   TID
MOTSTÅNDARE   TURNERING
PASSIV   VIT

10 - Food #2

C G U M Y U D S Y V D O V T
U Y Ä G G F V M N J E S U O
Ä G G P L A N T A O W T X M
Ä P P L E K Ö R S B Ä R E A
X R X P E C E S K W Z I R T
B Y P G P B H E I D N N A Z
R X K J F A V O N C R T X W
O K O J N D P G K D F U S P
C I R B A N A N A L W Z V S
C W I Y O G H U R T A K A A
O I S E L L E R I N A D M M
L O K Y C K L I N G Z B P H
I F I S K G G W Z W N I J E
K R O N Ä R T S K O C K A A

ÄPPLE   ÄGGPLANTA
KRONÄRTSKOCKA   FISK
BANAN   DRUVA
BROCCOLI   SKINKA
SELLERI   KIWI
OST   SVAMP
KÖRSBÄR   RIS
KYCKLING   TOMAT
CHOKLAD   VETE
ÄGG   YOGHURT

11 - Family

```
T  U  M  S  F  S  B  R  O  R  S  O  N  F
F  R  U  Y  A  M  A  K  E  B  A  R  N  A
A  A  F  S  R  O  R  F  X  A  S  N  B  R
D  W  R  T  F  D  N  Ö  X  R  N  G  P  B
E  S  A  E  A  E  B  R  H  N  G  C  B  R
R  X  Y  R  R  R  A  F  I  D  A  O  W  O
L  K  U  S  I  N  R  A  D  O  T  T  E  R
I  M  O  R  K  S  N  D  F  M  V  F  L  X
G  R  O  O  L  O  E  E  G  O  Y  K  A  B
K  E  L  S  U. O  N  R  P  R  X  A  D  B
O  F  O  X  T  T  C  B  A  M  K  K  M  W
G  C  Y  D  E  E  E  V  A  O  I  A  R  Z
R  J  V  H  V  M  R  C  R  R  I  F  L  Y
Y  C  B  Y  B  R  O  R  D  W  N  N  U  A
```

FÖRFADER	MORMOR
MOSTER	MAKE
BROR	MODERNS
BARN	MOR
BARNDOM	BRORSON
KUSIN	SYSKONBARN
DOTTER	FADERLIG
FAR	SYSTER
BARNBARN	FARBROR
FARFAR	FRU

12 - Farm #1

```
H Ö G T T I P J K E Z K H H
O Ä B X Å S N A B I R A T D
N B S T A K E T X C I T G L
U K U T B R M U U K S T T Y
N Z O D I Å U V Z S A W E M
G E T Y S K G Ö D S E L V F
N R U U O A K U W T M W V J
E I S U N O Y V A T T E N O
N S O M O P C E X T G K G R
B M O M X T K P G W K U O D
C F A H E W L U F W S W S B
H U N D N C I N Ä I V N R R
W S Z O C A N N L I D E U U
V L F R Ö N G U T V H W H K
```

JORDBRUK	STAKET
BI	GÖDSEL
BISONOXE	FÄLT
KALV	GET
KATT	HÖ
KYCKLING	HONUNG
KO	HÄST
KRÅKA	RIS
HUND	FRÖN
ÅSNA	VATTEN

13 - Camping

```
I  F  S  X  T  V  O  X  F  T  J  K  S  G
S  R  E  B  S  B  M  Y  J  T  K  A  J  O
O  R  E  L  D  P  C  R  C  B  O  N  Ö  M
P  E  D  J  U  R  J  D  D  E  K  O  X  Ä
H  P  O  S  G  N  A  T  U  R  O  T  I  V
A  Ä  C  Z  W  T  K  J  L  G  M  Å  N  E
T  K  N  Z  G  Ä  T  R  Ä  D  P  K  S  N
T  A  S  G  S  L  S  K  O  G  A  R  E  T
S  R  X  B  M  T  E  J  B  A  S  K  K  Y
D  T  O  U  K  A  O  Y  M  F  S  X  T  R
U  A  U  L  G  X  T  A  F  R  I  I  G  P
Z  A  G  G  I  I  P  T  J  J  B  W  N  K
K  S  X  D  A  G  O  E  A  J  N  H  K  L
I  O  I  W  V  S  T  Z  A  J  D  O  G  O
```

ÄVENTYR	JAKT
DJUR	INSEKT
STUGA	SJÖ
KANOT	KARTA
KOMPASS	MÅNE
ELD	BERG
SKOG	NATUR
ROLIGT	REP
HÄNGMATTA	TÄLT
HATT	TRÄD

14 - Conservation

```
M  M  P  O  G  A  K  N  R  G  O  F  L  U
K  I  F  Ö  R  O  R  E  N  I  N  G  R  T
U  L  N  J  Ö  G  H  Ä  L  S  A  D  C  B
X  J  I  S  N  N  A  T  U  R  L  I  G  I
D  Ö  Z  M  K  Z  G  N  Z  G  N  X  I  L
K  C  X  W  A  A  L  Y  I  W  H  C  L  D
K  A  M  V  A  T  T  E  N  S  T  Y  V  N
L  I  V  S  M  I  L  J  Ö  M  K  K  N  I
P  L  A  D  E  K  O  S  Y  S  T  E  M  N
O  R  O  V  H  Å  L  L  B  A  R  L  P  G
F  Å  T  E  R  V  I  N  N  A  L  C  G  A
O  Y  K  E  M  I  K  A  L  I  E  R  H  I
W  V  V  O  L  O  N  T  Ä  R  Z  P  E  S
U  Z  O  H  M  T  R  E  S  R  O  L  K  S
```

KEMIKALIER	HÄLSA
KLIMAT	NATURLIG
ORO	ORGANISK
CYKEL	FÖRORENING
EKOSYSTEM	ÅTERVINNA
UTBILDNING	MINSKA
MILJÖ	HÅLLBAR
GRÖN	VOLONTÄR
LIVSMILJÖ	VATTEN

15 - Cats

```
O  L  V  D  Y  P  Ä  L  S  W  A  H  U  N
B  L  Y  G  R  E  R  I  U  D  Z  M  N  Y
E  W  K  S  O  R  K  T  O  G  F  V  P  F
R  U  K  C  J  S  H  E  J  J  G  F  X  I
O  K  V  L  N  O  V  N  U  B  R  G  W  K
E  D  F  N  T  N  Y  S  J  Ä  G  A  R  E
N  T  I  H  X  L  L  V  Ö  V  A  L  R  N
D  W  A  C  S  I  P  A  D  M  R  E  O  V
E  Z  C  S  K  G  Z  N  B  U  N  N  L  T
I  P  G  M  S  H  O  S  G  S  V  F  I  C
V  T  Z  L  L  E  S  N  A  B  B  J  G  G
W  I  P  S  W  T  X  K  E  L  F  H  X  T
E  E  L  E  K  F  U  L  L  D  F  D  C  R
K  L  O  D  R  K  L  F  P  T  B  K  Y  Y
```

KLO	MUS
GALEN	TASS
NYFIKEN	PERSONLIGHET
SNABB	LEKFULL
ROLIG	BLYG
PÄLS	SÖMN
JÄGARE	SVANS
OBEROENDE	VILD
LITEN	GARN

16 - Numbers

```
T  X  C  F  Å  F  T  P  T  G  M  E  N  D
N  I  O  Y  T  D  F  C  U  S  O  A  I  N
T  Y  A  R  T  O  N  C  J  O  S  Y  T  F
R  S  N  A  A  R  V  T  J  U  G  O  T  J
E  E  S  D  T  T  G  R  F  E  M  L  O  O
T  X  E  J  H  I  X  E  E  I  K  V  N  R
T  T  X  M  U  R  O  T  M  O  N  L  K  T
O  O  W  J  F  T  F  T  T  M  D  S  A  O
N  N  L  P  I  S  T  T  O  P  E  N  J  N
T  B  B  B  X  Y  X  O  N  E  C  O  Y  U
A  O  I  J  G  H  D  F  N  H  I  S  B  O
U  M  O  I  V  Y  O  M  K  G  M  D  O  W
R  S  O  Y  H  U  X  E  X  F  A  U  V  C
T  V  Å  C  U  F  W  F  T  O  L  V  J  L
```

DECIMAL	SJU
ÅTTA	SJUTTON
ARTON	SEX
FEMTON	SEXTON
FEM	TIO
FYRA	TRETTON
FJORTON	TRE
NIO	TOLV
NITTON	TJUGO
ETT	TVÅ

17 - Spices

```
R  M  C  S  Ö  T  K  J  L  T  J  Z  B  X
K  G  P  M  J  B  A  M  C  I  U  F  I  P
I  K  E  A  R  H  N  Y  U  N  C  O  T  A
K  C  U  K  G  F  E  T  R  S  V  Y  T  S
O  L  S  M  H  C  L  O  R  A  K  H  E  K
R  N  A  E  M  T  S  Y  Y  L  R  O  R  A
I  A  F  K  K  I  L  Ö  K  T  I  X  T  R
A  N  F  L  R  Z  N  F  Ä  N  K  Å  L  D
N  I  R  Y  V  I  T  L  Ö  K  S  N  B  E
D  S  A  G  Y  W  T  V  A  N  I  L  J  M
E  G  N  X  H  Y  T  S  R  D  E  W  E  U
R  K  R  Y  D  D  N  E  J  L  I  K  A  M
I  N  G  E  F  Ä  R  A  R  V  E  Y  A  M
T  Z  Y  I  X  S  G  P  A  P  R  I  K  A
```

ANIS	VITLÖK
BITTER	INGEFÄRA
KARDEMUMMA	LAKRITS
KANEL	MUSKOT
KRYDDNEJLIKA	LÖK
KORIANDER	PAPRIKA
KUMMIN	SAFFRAN
CURRY	SALT
FÄNKÅL	SÖT
SMAK	VANILJ

18 - Mammals

```
Z S F C N K D R L K U F T G
A P A Å D B Ä V E R U H F O
T I G W R E W B J Ö R N T R
G I R A F F L B O V O G F I
N Z X T M S I F N S Y J H L
N Y V N C U B X I Y H T Ä L
Y Y C W K K R H U N D P S A
V O O U X K Ä N G U R U T O
B F F W H A V A Z E F X B E
E Z F B M T W A K A N I N M
X E Y H H T J U R A F I C D
O B N T W S K N L G F E J V
P R Ä R I E V A R G P X D A
X A C K E L E F A N T D J L
```

BJÖRN	GORILLA
BÄVER	HÄST
TJUR	KÄNGURU
KATT	LEJON
PRÄRIEVARG	APA
HUND	KANIN
DELFIN	FÅR
ELEFANT	VAL
RÄV	VARG
GIRAFF	ZEBRA

19 - Fishing

```
U  S  Y  M  D  F  V  R  S  S  B  W  V  T
O  T  S  J  Ö  E  I  V  P  K  E  Å  Z  Å
E  R  R  O  D  N  K  C  N  L  T  M  T  L
E  A  S  U  C  O  T  K  R  L  E  K  H  A
Y  N  Y  H  S  R  X  R  T  R  Å  D  Ö  M
E  D  J  Y  Ä  T  A  O  T  K  K  E  V  O
K  O  C  K  S  O  N  K  G  Ä  V  O  E  D
A  X  O  Y  O  F  M  I  L  K  G  Y  R  X
L  R  G  B  N  U  E  M  N  E  K  T  D  G
U  D  Ä  K  G  T  M  M  P  G  T  P  R  K
V  F  L  O  D  B  M  H  W  H  C  N  I  U
N  H  A  V  A  T  T  E  N  U  P  G  F  T
W  A  R  U  N  D  Y  L  J  K  I  Z  T  Y
T  Y  D  R  D  H  W  S  E  E  S  V  H  E
```

BETE	KÄKE
KORG	SJÖ
STRAND	HAV
BÅT	TÅLAMOD
KOCK	FLOD
UTRUSTNING	SÄSONG
ÖVERDRIFT	VATTEN
FENOR	VIKT
GÄLAR	TRÅD
KROK	

20 - Restaurant #1

```
P  M  E  N  Y  W  I  C  E  K  Ö  K  G  B
S  L  Y  D  K  U  A  F  F  Y  J  N  A  O
E  D  A  Y  G  P  X  G  T  C  Y  I  E  K
R  U  U  T  R  G  O  R  E  K  P  V  U  N
V  R  B  U  T  R  Y  T  R  L  V  A  L  I
I  O  Y  J  C  A  D  V  R  I  U  K  S  N
T  B  A  K  T  S  K  H  Ä  N  T  M  K  G
R  K  R  Y  D  D  A  D  T  G  P  I  Å  D
I  A  I  Ö  L  U  S  L  T  M  A  T  L  G
S  F  E  C  D  N  S  E  R  V  E  T  T  M
U  F  M  T  R  B  Ö  Å  N  B  K  H  V  W
M  E  L  L  P  O  R  N  S  E  C  W  S  H
T  J  S  K  Ö  T  T  A  L  L  E  R  G  I
I  N  G  R  E  D  I  E  N  S  E  R  K  P
```

ALLERGI	KNIV
SKÅL	KÖTT
BRÖD	MENY
KASSÖR	SERVETT
KYCKLING	PLATTA
KAFFE	BOKNING
EFTERRÄTT	SÅS
MAT	KRYDDAD
INGREDIENSER	SERVITRIS
KÖK	

21 - Bees

```
L  S  M  V  J  D  S  A  B  E  T  M  Y  F
B  I  K  U  P  A  O  Z  L  K  R  Å  U  R
L  N  V  N  H  H  L  Y  O  O  Ä  N  U  U
O  S  H  S  V  Ä  R  M  M  S  D  G  C  K
M  E  C  O  M  Z  L  N  M  Y  G  F  G  T
M  K  P  D  N  I  G  I  A  S  Å  A  M  D
O  T  D  O  I  U  L  Z  Z  T  R  L  J  R
R  A  E  V  L  W  N  J  W  E  D  D  S  O
D  E  U  H  Y  L  L  G  Ö  M  R  N  B  T
V  Ä  X  T  E  R  E  R  Ö  K  G  I  P  T
M  D  A  N  B  U  N  N  R  V  M  A  T  N
I  X  V  G  T  W  E  O  V  M  V  H  Z  I
V  Ä  L  G  Ö  R  A  N  D  E  A  C  J  N
P  O  L  L  I  N  A  T  O  R  X  K  I  G
```

VÄLGÖRANDE	HONUNG
BLOMMA	INSEKT
MÅNGFALD	VÄXTER
EKOSYSTEM	POLLEN
BLOMMOR	POLLINATOR
MAT	DROTTNING
FRUKT	RÖK
TRÄDGÅRD	SOL
LIVSMILJÖ	SVÄRM
BIKUPA	VAX

22 - Sports

```
G K S U H S S P E L M T H S
R O D X E E P B A S K E T H
R T L E L A E T E N N I S O
Ö T G F X A L T E R B U B C
R N E E F B A S E B O L L K
E K O A O E R E M D P Z G E
L C A O M C E W N O L D G Y
S G Y M N A S I U M O L V P
E Y F K S G Y M N A S T I K
D O W N E N U J S R J C N W
N J T W W L O X B E F N N T
O T M Ä S T E R S K A P A U
S T A D I O N T R Ä N A R E
O I N Z I D R O T T A R E J
```

IDROTTARE	GYMNASTIK
BASEBOLL	HOCKEY
BASKET	RÖRELSE
CYKEL	SPELARE
MÄSTERSKAP	DOMARE
TRÄNARE	STADION
SPEL	TEAM
GOLF	TENNIS
GYMNASIUM	VINNARE

23 - Weather

```
K  N  O  X  G  B  V  P  J  Z  K  B  H  N
B  L  H  K  T  B  A  O  R  K  A  N  I  S
T  R  I  P  H  M  A  L  Å  C  L  A  M  I
R  E  V  M  H  J  B  Ä  S  F  H  T  M  U
O  G  M  D  A  S  L  R  K  X  Y  M  E  C
P  N  O  P  J  T  I  A  A  V  O  O  L  O
I  B  N  Y  E  O  X  E  S  S  T  S  X  G
S  Å  S  J  L  R  T  O  R  R  R  F  N  K
K  G  U  X  A  M  A  B  L  I  O  Ä  D  O
N  E  N  N  T  O  I  T  R  B  M  R  I  E
V  I  N  D  V  L  R  O  U  I  B  T  M  R
C  V  D  U  C  N  M  R  Z  R  S  Z  M  C
G  M  J  R  G  C  G  K  H  I  B  O  A  R
V  G  K  H  Y  F  A  A  K  D  J  O  H  T
```

ATMOSFÄR	MONSUN
BRIS	POLÄRA
KLIMAT	REGNBÅGE
MOLN	HIMMEL
TORKA	STORM
TORR	TEMPERATUR
DIMMA	ÅSKA
ORKAN	TROMB
IS	TROPISK
BLIXT	VIND

24 - Adventure

```
U U A K T I V I T E T M O D
M T K C U T M A N I N G A R
Ö V F A R L I G L Ä D J E V
J S Ä L N A V I G E R I N G
L K V N Y O V A N L I G I M
I Ö C A N K U C I C R L H U
G N H T F E T X J V Y I G D
H H A U R Z R G R E S V Ä G
E E N R S H E T U P W W G J
T T S Ä K E R H E T L Y O P
D E S T I N A T I O N A O Y
S V Å R I G H E T C W O W M
L F Ö R B E R E D E L S E U
N E N T U S I A S M U R X F
```

AKTIVITET   VÄNNER
SKÖNHET   RESVÄG
MOD   GLÄDJE
UTMANINGAR   NATUR
CHANS   NAVIGERING
FARLIG   NY
DESTINATION   MÖJLIGHET
SVÅRIGHET   FÖRBEREDELSE
ENTUSIASM   SÄKERHET
UTFLYKT   OVANLIG

25 - Circus

```
I  K  G  H  E  I  E  E  N  N  K  W  H  W
S  J  O  Å  C  L  O  W  N  L  X  V  K  Z
O  G  D  S  N  I  E  S  T  D  M  Y  M  G
A  R  I  K  T  L  E  F  U  X  G  J  I  J
D  N  S  Å  T  Y  T  M  A  G  I  O  U  P
L  L  S  D  Ä  R  M  B  A  N  D  N  C  M
P  J  M  A  L  E  O  A  P  L  T  G  F  A
Z  A  B  R  T  Z  R  L  A  K  L  L  Z  K
U  N  D  E  R  H  Å  L  L  A  M  Ö  N  Y
O  G  J  V  I  S  A  O  U  K  K  R  P  N
G  M  U  S  I  K  M  N  R  S  A  U  Y  R
A  K  R  O  B  A  T  G  A  Z  J  R  L  A
L  E  J  O  N  T  C  E  I  G  D  E  L  X
P  A  R  A  D  H  T  R  K  T  I  G  E  R
```

AKROBAT	MAGI
DJUR	TROLLKARL
BALLONGER	APA
GODIS	MUSIK
CLOWN	PARAD
KOSTYM	VISA
ELEFANT	ÅSKÅDARE
UNDERHÅLLA	TÄLT
JONGLÖR	TIGER
LEJON	LURA

26 - Restaurant #2

```
I  O  H  J  U  Y  F  G  A  F  F  E  L  S
V  R  Y  I  K  W  N  T  C  R  Ä  G  G  E
F  N  U  D  L  A  R  G  A  U  C  A  G  R
I  S  T  G  N  S  A  L  T  K  A  K  A  V
S  G  O  G  T  T  H  O  T  T  G  R  W  I
K  R  Y  D  D  O  R  L  S  O  P  P  A  T
J  Ö  S  S  W  L  J  M  Ä  P  F  F  B  Ö
Z  N  W  K  A  U  W  I  T  C  G  V  N  R
C  S  I  E  V  N  F  D  G  Z  K  A  N  I
W  A  G  D  O  C  I  D  N  P  H  E  L  T
E  K  O  I  D  H  T  A  N  F  P  H  R  I
N  E  D  R  Y  C  K  G  S  A  L  L  A  D
N  R  V  A  T  T  E  N  B  A  Z  T  D  W
E  X  D  O  S  S  F  P  E  X  D  D  F  D
```

DRYCK	LUNCH
KAKA	NUDLAR
STOL	SALLAD
LÄCKER	SALT
MIDDAG	SOPPA
ÄGG	KRYDDOR
FISK	SKED
GAFFEL	GRÖNSAKER
FRUKT	SERVITÖR
IS	VATTEN

27 - Geology

```
M  W  T  X  K  N  K  S  Y  R  A  S  T  K
I  G  D  J  R  A  Z  O  I  R  K  L  F  O
N  E  R  P  I  Z  L  E  R  O  S  I  O  N
E  J  Z  G  S  G  U  C  F  A  S  A  L  T
R  S  W  S  T  E  N  J  I  S  L  Y  A  I
A  E  U  H  A  L  E  I  C  U  M  L  V  N
L  R  L  L  L  G  A  C  W  A  M  U  A  E
E  K  M  T  L  P  G  G  P  L  A  T  Å  N
R  V  P  T  E  S  H  K  E  A  I  F  V  T
V  A  R  A  R  Z  P  T  I  R  O  B  U  M
G  R  O  T  T  A  C  Y  K  L  E  R  L  K
S  T  A  L  A  K  T  I  T  H  O  X  K  V
G  S  F  O  S  S  I  L  A  E  V  P  A  Y
J  O  R  D  B  Ä  V  N  I  N  G  T  N  I
```

SYRA	GEJSER
KALCIUM	LAVA
GROTTA	LAGER
KONTINENT	MINERALER
KORALL	PLATÅ
KRISTALLER	KVARTS
CYKLER	SALT
JORDBÄVNING	STALAKTIT
EROSION	STEN
FOSSIL	VULKAN

28 - House

```
T  A  K  G  A  R  A  G  E  S  G  Ö  U  T
O  R  A  A  N  U  I  H  V  P  Y  P  Y  A
W  U  Ä  R  T  C  L  P  A  E  Y  P  I  Y
T  M  Y  D  U  S  C  H  D  G  N  E  E  M
D  K  T  I  G  V  X  N  C  E  N  N  N  C
Y  Ö  I  N  O  Å  Ä  U  G  L  Y  S  R  N
E  K  R  E  L  D  R  G  E  E  C  P  J  C
L  O  Y  R  V  W  B  D  G  U  K  I  S  F
S  T  A  K  E  T  M  Ö  B  E  L  S  F  Ö
S  D  B  V  V  I  N  D  V  E  A  F  V  N
D  K  F  A  O  L  D  O  T  W  R  R  C  S
X  L  B  S  B  I  B  L  I  O  T  E  K  T
S  L  X  T  V  M  B  G  N  T  V  D  L  E
L  A  M  P  A  J  L  N  G  F  V  X  E  R
```

VIND	NYCKLAR
KVAST	KÖK
GARDINER	LAMPA
DÖRR	BIBLIOTEK
STAKET	SPEGEL
ÖPPEN SPIS	TAK
GOLV	RUM
MÖBEL	DUSCH
GARAGE	VÄGG
TRÄDGÅRD	FÖNSTER

29 - Bathroom

```
V  S  W  R  T  R  L  H  A  A  T  Y  T  Z
J  T  V  C  D  V  T  O  A  L  E  T  T  S
S  J  U  N  K  A  Å  D  T  P  D  I  S  L
U  S  Z  P  O  C  G  L  Z  I  K  I  B  U
J  P  F  T  U  B  U  B  B  L  O  R  L  B
W  E  P  O  F  N  K  C  L  U  Å  N  G  A
J  G  K  B  D  K  T  O  A  A  M  M  V  D
D  E  F  R  P  H  I  C  O  B  A  Z  A  A
U  L  O  H  A  N  D  D  U  K  T  K  T  C
S  G  L  R  R  N  O  X  N  V  T  P  T  Z
C  M  J  L  F  B  W  D  J  G  A  A  E  K
H  Y  O  J  Y  S  C  H  A  M  P  O  N  M
R  M  H  J  M  S  T  S  A  X  L  P  M  E
S  V  A  M  P  N  N  K  E  O  V  J  S  B
```

BAD	DUSCH
BUBBLOR	SJUNKA
KRAN	TVÅL
LOTION	SVAMP
SPEGEL	ÅNGA
PARFYM	TOALETT
MATTA	HANDDUK
SAX	VATTEN
SCHAMPO	

30 - School #1

```
S P M M M A R U I J F D B Z
V E F W A L F O B F K E Z M
A N J P R F H M L U N C H K
R N M Y K A F A B I A I P O
S O T X Ö B B P U Ö G I A L
A R V H R E I P U E C T P Ä
E E P V E T B A Z X Y K P R
A W E Ä R T L R R A S H E A
Y A P N V A I S A M G T R R
P E N N A L O H E E A Y O E
M A T E M A T I K N H B R L
J I F R Å G E S P O R T U O
I R B R S N K L A S S R U M
S K R I V B O R D B K N N S
```

ALFABET	BIBLIOTEK
SVAR	LUNCH
BÖCKER	MARKÖRER
STOL	MATEMATIK
KLASSRUM	TAL
SKRIVBORD	PAPPER
EXAMEN	PENNA
MAPPAR	PENNOR
VÄNNER	FRÅGESPORT
ROLIGT	LÄRARE

31 - Dance

```
A  K  H  I  L  M  S  O  A  X  D  K  K  Z
K  K  I  Å  E  M  U  P  Z  S  J  I  R  V
A  U  H  F  L  U  N  S  R  Y  T  M  O  K
D  L  T  A  R  L  A  X  I  O  V  Y  P  O
E  T  I  T  Ö  E  N  A  S  K  E  C  P  R
M  U  M  P  R  S  A  I  S  H  J  L  U  E
I  R  H  C  E  Y  C  H  N  M  A  W  K  O
E  E  V  C  L  E  C  O  F  G  L  A  D  G
K  L  A  S  S  I  S  K  K  U  L  T  U  R
H  L  D  Z  E  C  B  L  S  Y  B  I  L  A
O  V  I  S  U  E  L  L  T  F  T  L  C  F
P  A  R  T  N  E  R  I  N  T  U  F  W  I
P  K  Ä  N  S  L  A  X  Å  V  D  L  D  O
A  S  K  O  N  S  T  C  D  X  Y  I  L  V
```

AKADEMI	NÅD
KONST	GLAD
KROPP	HOPPA
KOREOGRAFI	RÖRELSE
KLASSISK	MUSIK
KULTURELL	PARTNER
KULTUR	HÅLLNING
KÄNSLA	RYTM
UTTRYCKSFULL	VISUELL

32 - Colors

```
I N D I G O S M I O R N O F
G X N T R R E Y A T W B I U
N R P L Å U P M B G X R T C
S X Ö T A L I L A F E U C H
C Y S N P K A Z R B B N K S
O Y V P E D V I O L E T T I
Y H A M L X I M S Å I M Z A
S L R N S K T B A B G R Ö D
P L T J I B J J P H E X V S
Y N G O N D W P V G I J G C
Y K U U H W J M R H V N C S
I P L V M G X B B Y N H D O
W C R L S Z Z N U F Z C P O
S B K J W H Z U W W T J Y J
```

BEIGE
SVART
BLÅ
BRUN
CYAN
FUCHSIA
GRÖN
GRÅ
INDIGO

MAGENTA
APELSIN
ROSA
LILA
RÖD
SEPIA
VIOLETT
VIT
GUL

33 - Climbing

```
J  X  W  V  H  K  V  U  H  H  P  G  O  Z
F  V  N  H  R  A  G  J  V  Ö  I  U  X  H
S  T  Y  R  K  A  N  R  Y  R  J  I  B  D
T  F  F  D  X  T  W  D  O  H  W  D  E  E
R  T  I  G  Y  M  P  M  S  T  H  E  H  R
Ä  T  K  P  F  O  R  R  S  K  T  H  B  M
N  F  E  K  G  S  S  M  A  L  A  A  J  F
I  M  N  A  J  F  E  E  X  P  E  R  T  Y
N  C  H  R  V  Ä  H  J  Ä  L  M  R  D  S
G  D  E  T  E  R  R  Ä  N  G  M  U  A  I
N  D  T  A  S  T  Ö  V  L  A  R  B  H  S
S  T  A  B  I  L  I  T  E  T  J  S  I  K
R  U  T  M  A  N  I  N  G  A  R  B  L  G
S  K  A  D  A  V  A  N  D  R  I  N  G  N
```

HÖJD	VANDRING
ATMOSFÄR	SKADA
STÖVLAR	KARTA
GROTTA	SMAL
UTMANINGAR	FYSISK
NYFIKENHET	STABILITET
EXPERT	STYRKA
HANDSKAR	TERRÄNG
GUIDE	TRÄNING
HJÄLM	

34 - Shapes

```
H  X  W  B  P  R  V  O  K  G  C  L  A  P
Ö  T  J  B  Å  B  I  T  P  U  I  L  S  O
R  A  F  B  H  G  R  S  T  J  R  G  I  R
N  Z  P  M  D  O  E  W  V  E  K  V  D  E
D  Y  R  F  F  T  K  A  N  T  E  R  A  L
S  L  I  N  J  E  T  O  R  G  L  N  J  L
N  E  S  P  Y  R  A  M  I  D  K  A  D  I
R  Z  M  O  K  S  N  M  X  T  V  U  R  P
O  V  A  L  O  P  G  G  P  W  B  B  B  S
U  M  O  H  H  S  E  V  B  A  B  G  E  F
W  I  N  T  P  O  L  Y  G  O  N  E  Z  Ä
H  H  Y  P  E  R  B  E  L  V  K  C  W  R
C  Y  L  I  N  D  E  R  H  I  O  T  A  T
I  T  R  I  A  N  G  E  L  M  N  V  J  F
```

BÅGE	LINJE
CIRKEL	OVAL
KON	POLYGON
HÖRN	PRISMA
KUB	PYRAMID
KURVA	REKTANGEL
CYLINDER	SIDA
KANTER	SFÄR
ELLIPS	TORG
HYPERBEL	TRIANGEL

35 - Scientific Disciplines

```
B D J R S R E M F K A N M T
B O R X G I O I Y R N E E E
I A T R Y G S N S N A U K R
O J G A L P R E I K T R A M
L P W S N D Z R O L O O N O
O K J C O I E A L T M L I D
G K Z A L A K L O Y I O K Y
I P S Y K O L O G I N G U N
B I O K E M I G I X S I S A
L A L I N G V I S T I K V M
Z O O L O G I E K O L O G I
A R K E O L O G I M J F F K
A S T R O N O M I Y N A H I
K E M I E G E O L O G I R Y
```

ANATOMI
ARKEOLOGI
ASTRONOMI
BIOKEMI
BIOLOGI
BOTANIK
KEMI
EKOLOGI
GEOLOGI

LINGVISTIK
MEKANIK
MINERALOGI
NEUROLOGI
FYSIOLOGI
PSYKOLOGI
TERMODYNAMIK
ZOOLOGI

36 - School #2

```
L  B  Ö  C  K  E  R  P  A  E  F  T  U  L
Ä  H  B  G  R  A  M  M  A  T  I  K  T  I
R  E  V  A  S  B  L  D  A  T  O  R  B  T
A  L  B  G  J  I  V  E  T  O  F  X  I  T
R  G  F  K  P  B  M  D  N  R  C  O  L  E
E  E  M  Z  A  L  S  T  S  D  B  L  D  R
P  R  D  K  P  I  A  A  A  B  E  I  N  A
K  E  X  P  P  O  J  K  X  O  I  R  I  T
L  S  N  V  E  T  E  N  S  K  A  P  N  U
R  Z  P  N  R  E  G  G  U  S  Z  C  G  R
B  U  S  S  A  K  R  Y  G  G  S  Ä  C  K
T  I  L  L  B  E  H  Ö  R  T  Y  W  R  M
A  K  T  I  V  I  T  E  T  E  R  D  B  C
K  A  A  H  R  A  K  A  D  E  M  I  S  K
```

AKADEMISK	BIBLIOTEK
AKTIVITETER	LITTERATUR
RYGGSÄCK	PAPPER
BÖCKER	PENNA
BUSS	VETENSKAP
KALENDER	SAX
DATOR	TILLBEHÖR
ORDBOK	LÄRARE
UTBILDNING	HELGER
GRAMMATIK	

37 - Science

```
N  F  E  X  P  E  R  I  M  E  N  T  F  F
P  A  R  T  I  K  L  A  R  X  Z  F  O  D
X  K  T  M  O  L  V  C  R  W  X  O  S  I
V  T  J  U  V  I  J  W  G  H  W  R  S  P
T  U  L  X  R  M  D  T  Y  F  Y  S  I  K
X  M  H  D  D  A  T  A  P  E  T  K  L  A
M  E  T  O  D  T  I  M  T  V  P  A  Z  L
M  O  L  E  K  Y  L  E  R  O  G  R  R  L
K  E  M  I  S  K  L  O  E  L  M  E  O  V
H  Y  P  O  T  E  S  Y  W  U  M  P  H  A
I  F  T  M  C  J  V  Ä  X  T  E  R  M  R
M  I  N  E  R  A  L  E  R  I  M  O  C  B
M  V  L  A  B  O  R  A  T  O  R  I  U  M
Y  M  J  Y  F  O  R  G  A  N  I  S  M  O
```

ATOM
KEMISK
KLIMAT
DATA
EVOLUTION
EXPERIMENT
FAKTUM
FOSSIL
ALLVAR
HYPOTES

LABORATORIUM
METOD
MINERALER
MOLEKYLER
NATUR
ORGANISM
PARTIKLAR
FYSIK
VÄXTER
FORSKARE

38 - Summer

```
A V Z G D H B N N D S W D V
T V O I H G Z Ö I F P V Y Ä
B G K H T N Z A C T E S K N
H E M O J C F C D K L D N N
T X U L P U M M E V E S I E
R E S A R P O G Y A R R N R
Ä C I S W S L I N N U M G M
D A K T K A D I S T R A N D
G M H J G N F D N G O T Y P
Å P C Ä L D U A V G X Z Y T
R I R R Ä A H E M I N N E N
D N O N D L A F R I T I D Y
N G V O J E V M H Z L I F E
S A C R E R S Y E G E J R M
```

STRAND	GLÄDJE
BÖCKER	FRITID
CAMPING	MINNEN
DYKNING	MUSIK
FAMILJ	AVKOPPLING
MAT	SANDALER
VÄNNER	HAV
SPEL	STJÄRNOR
TRÄDGÅRD	RESA
HEM	

39 - Clothes

```
A  S  M  Y  C  K  E  N  T  N  T  N  B  T
C  R  A  G  T  J  E  A  N  S  H  D  B  M
H  D  M  N  G  O  R  H  P  B  Y  X  O  R
R  K  B  B  D  L  S  K  J  O  R  T  A  S
C  Y  W  S  A  A  L  Y  R  M  Y  W  I  E
W  J  N  N  O  N  L  H  V  O  G  L  B  V
H  A  T  T  K  A  D  E  K  D  H  H  K  N
K  C  L  R  P  G  J  F  R  E  G  A  O  U
S  K  O  Ö  B  Ä  L  T  E  B  H  N  J  D
S  A  D  J  L  S  L  H  A  L  S  D  U  K
S  D  T  A  H  I  K  S  B  U  A  S  I  K
F  Ö  R  K  L  Ä  D  E  G  S  A  K  N  E
K  L  Ä  N  N  I  N  G  Y  Z  K  A  F  H
P  Y  J  A  M  A  S  G  E  D  G  R  S  S
```

FÖRKLÄDE	JEANS
BÄLTE	SMYCKEN
BLUS	PYJAMAS
ARMBAND	BYXOR
PÄLS	SANDALER
KLÄNNING	HALSDUK
MODE	SKJORTA
HANDSKAR	SKO
HATT	KJOL
JACKA	TRÖJA

40 - Insects

```
T G E T I N G B K L A O S B
G E X J F B L D A O R L K Å
R U R U F L Z I C P K D A L
Ä P X M C D M C K P F M L G
S L R M I B I Y E A J O B E
H S C Y Y T N Z R K Ä E A T
O L L G Z C G P L A R V G I
P V Z G R Z D J A V I C G N
P B L A D L U S C N L O E G
A M A S K Y C I K A D A Z C
O G H H D K V Z A T C D C Y
M J T R O L L S L Ä N D A G
A A B Ö N S Y R S A M E U T
A L L N Y C K E L P I G A M
```

MYRA	BÅLGETING
BLADLUS	NYCKELPIGA
BI	LARV
SKALBAGGE	BÖNSYRSA
FJÄRIL	MYGGA
CIKADA	MAL
KACKERLACKA	TERMIT
TROLLSLÄNDA	GETING
LOPPA	MASK
GRÄSHOPPA	

41 - Astronomy

```
P S A T E L L I T S N Y A O
L U A S T R Å L N I N G S B
A P A S T R O N O M E R T S
N E D M H E G P O M B A R E
E R A F E H R L M Z U K O R
T N G J C T M O V V L E N V
X O J Z T E E V I Y O T A A
Y V Ä J O R D O G D S R U T
V A M Å N E Y S R G A K T O
K O N S T E L L A T I O N R
P P I H I M M E L L M S V I
S J N G A L A X M R I M F U
F S G N N G V N E W H O M M
U H F Ö R M Ö R K E L S E I
```

ASTEROID
ASTRONAUT
ASTRONOM
KONSTELLATION
KOSMOS
JORD
FÖRMÖRKELSE
DAGJÄMNING
GALAX
METEOR

MÅNE
NEBULOSA
OBSERVATORIUM
PLANET
STRÅLNING
RAKET
SATELLIT
HIMMEL
SUPERNOVA

42 - Pirates

```
P  C  B  I  E  G  B  R  K  Ä  L  F  M  K
P  X  G  T  K  B  V  A  B  R  E  L  Z  A
A  N  K  A  R  E  G  Z  J  R  G  A  Ä  R
P  K  G  K  I  S  U  F  T  Y  E  G  V  T
E  F  T  R  K  Ä  L  S  R  C  N  G  E  A
G  X  D  I  O  T  D  D  T  V  D  A  N  J
O  X  D  U  E  T  W  F  V  R  J  D  T  R
J  S  L  M  Y  N  T  L  I  F  A  U  Y  F
A  K  V  Ö  Y  I  Y  A  C  T  T  N  R  F
R  A  K  Ä  P  N  K  A  P  T  E  N  D  A
O  T  O  F  R  G  N  S  A  W  Y  Z  Å  R
M  T  H  W  M  D  U  G  T  H  K  R  L  A
K  O  M  P  A  S  S  Z  X  S  G  W  I  R
Z  U  G  C  F  E  M  K  F  U  V  A  G  F
```

ÄVENTYR	FLAGGA
ANKARE	GULD
DÅLIG	LEGEND
STRAND	KARTA
KAPTEN	PAPEGOJA
GROTTA	ROM
MYNT	ÄRR
KOMPASS	SVÄRD
BESÄTTNING	SKATT
FARA	

43 - Time

```
D N H B J E F T F O E Z B H
N A O H Z T R I S Ö Å R M A
S D G U M N A M R Å R L I G
N M Å N A D M M Z H E D L
A O C U P E T E N J U A D O
R R D O D P I Y Z I N I A N
T G G T F J D P U V D K G L
U O Å R T I O N D E R A Y E
E N O R R X Z E J C A L G K
M I N U T K Z G A K D E D L
Z H F C J N O B K A E N G O
R Y C X D F U S D M I D D C
E P K Y F T I X V Z G E D K
L N A T T T I D I G C R J A
```

ÅRLIG

FÖRE

KALENDER

ÅRHUNDRADE

KLOCKA

DAG

ÅRTIONDE

TIDIG

FRAMTID

TIMME

MINUT

MÅNAD

MORGON

NATT

MIDDAG

NU

SNART

IDAG

VECKA

ÅR

44 - Buildings

```
O C V A N D R A R H E M A C
S J U K H U S V R O D X I F
W M I K L R T E A T E R W L
H M A T A F F Ä R E R C I M
M L J M B M Y A M L T Z P R
O C Z M O F L K B L T D R G
O B S E R V A T O R I U M A
N D S T A D I O N H I R M M
Z C I B T H Y R Z H W K U B
P H X V O S F N D S K B S A
F U P O R K D B K L U N E S
V S U X I O B M V O A U U S
T Ä L T U L I X W T A D M A
Z C X D M A O X S T U G A D
```

LADA	LABORATORIUM
STUGA	MUSEUM
SLOTT	OBSERVATORIUM
BIO	SKOLA
AMBASSAD	STADION
FABRIK	MATAFFÄR
SJUKHUS	TÄLT
VANDRARHEM	TEATER
HOTELL	TORN

45 - Herbalism

```
J  F  V  K  I  I  A  H  C  M  V  M  O  S
T  Ä  Ä  Ä  U  N  E  S  Z  E  I  Y  R  A
U  N  X  H  L  L  G  I  P  U  T  N  E  F
A  K  T  V  J  G  I  R  O  P  L  T  G  F
T  Å  C  P  G  R  Ö  N  E  N  Ö  A  A  R
R  L  L  E  H  M  C  R  A  D  K  S  N  A
Ä  I  G  R  R  O  S  M  A  R  I  N  O  N
D  B  A  S  I  L  I  K  A  N  I  E  I  J
G  H  D  I  B  L  O  M  M  A  D  S  N  T
Å  G  B  L  R  J  P  F  X  P  T  E  K  S
R  M  E  J  R  A  M  Z  F  U  D  E  Z  M
D  C  D  A  R  O  M  A  T  I  S  K  Y  A
L  A  V  E  N  D  E  L  K  G  R  J  P  K
A  Z  A  H  T  V  O  H  D  R  A  G  O  N
```

AROMATISK	INGREDIENS
BASILIKA	LAVENDEL
VÄLGÖRANDE	MEJRAM
KULINARISK	MYNTA
FÄNKÅL	OREGANO
SMAK	PERSILJA
BLOMMA	VÄXT
TRÄDGÅRD	ROSMARIN
VITLÖK	SAFFRAN
GRÖN	DRAGON

46 - Toys

```
J N I T L A S T B I L J B X
I B D R A K E S W U P S Ö O
R N W U L T R C Y K E L C L
L X B M Z D F H Y U M E K S
P R B M K X L A V E G R E H
O D D O C S Y C V K E A R A
C P S R V O G K R O O N O N
L U X P X H P K R S R U B T
K X T F E P L F D P Y I O V
D O C K A L A M V U S K T E
Y S Z N F A N T A S I R T R
B O L L U H B T B S E I J K
I K U U W U Y Å E E A T L I
L W V B R N R G T L G A X F
```

FLYGPLAN	DOCKA
BOLL	TRUMMOR
CYKEL	FAVORIT
BÅT	SPEL
BÖCKER	FANTASI
BIL	DRAKE
SCHACK	PUSSEL
LERA	ROBOT
HANTVERK	TÅG
KRITA	LASTBIL

47 - Vehicles

```
U  B  Å  T  T  A  X  I  E  P  I  B  F  O
L  I  U  O  F  U  P  V  N  H  E  Z  L  S
A  L  D  S  X  A  N  H  P  O  I  A  Y  K
S  P  I  K  S  B  V  N  H  L  B  M  G  Y
T  K  F  O  N  C  Y  K  E  L  Å  B  P  T
B  M  O  T  O  R  D  T  L  L  T  U  L  T
I  Z  D  E  X  S  R  X  I  I  B  L  A  E
L  T  V  R  U  E  A  C  K  R  L  A  N  L
A  S  L  T  R  A  K  T  O  R  C  N  N  A
O  R  H  P  O  S  E  R  P  D  T  S  L  A
Z  A  B  I  E  O  T  K  T  R  Ä  Z  N  P
H  U  S  V  A  G  N  L  E  J  Y  C  M  D
D  X  X  R  L  F  A  U  R  S  S  T  K  F
F  L  O  T  T  E  F  Ä  R  J  A  S  J  M
```

FLYGPLAN	FLOTTE
AMBULANS	RAKET
CYKEL	SKOTER
BÅT	SKYTTEL
BUSS	UBÅT
BIL	TUNNELBANA
HUSVAGN	TAXI
FÄRJA	DÄCK
HELIKOPTER	TRAKTOR
MOTOR	LASTBIL

48 - Flowers

```
B  L  Y  Y  E  V  K  K  M  L  H  T  T  Z
M  F  I  D  P  Y  L  R  A  A  I  U  U  J
Z  Y  K  V  R  W  Ö  O  G  V  B  S  L  B
O  R  K  I  D  É  V  N  N  E  I  E  P  F
P  I  O  N  N  S  E  B  O  N  S  N  A  Z
Å  P  M  G  J  D  R  L  L  D  K  S  N  V
S  W  L  A  A  H  B  A  I  E  U  K  L  S
K  M  V  U  S  Z  J  D  A  L  S  Ö  I  O
L  M  X  F  M  K  P  M  J  B  J  N  L  L
I  C  S  B  I  E  R  V  U  U  G  A  A  R
L  R  L  Z  N  Z  R  O  P  K  D  H  H  O
J  V  A  L  L  M  O  I  S  E  K  M  M  S
A  W  U  L  J  P  I  G  A  T  C  V  W  A
L  G  A  R  D  E  N  I  A  T  A  G  X  V
```

BUKETT	LILJA
KLÖVER	MAGNOLIA
PÅSKLILJA	ORKIDÉ
TUSENSKÖNA	PION
MASKROS	KRONBLAD
GARDENIA	PLUMERIA
HIBISKUS	VALLMO
JASMIN	SOLROS
LAVENDEL	TULPAN
LILA	

49 - Town

```
K  B  C  X  F  Z  T  Z  O  O  X  W  B  M
V  A  P  J  L  U  E  K  V  K  C  R  A  A
H  G  F  E  Y  J  A  G  L  Z  A  B  N  R
B  E  I  É  G  S  T  A  D  I  O  N  K  K
I  R  K  H  P  K  E  L  L  P  N  X  B  N
B  I  O  U  L  O  R  L  D  R  M  I  O  A
L  L  S  I  A  L  G  E  Z  W  P  J  K  D
I  B  U  T  T  A  F  R  Z  B  Z  G  H  Y
O  F  M  T  S  W  G  I  A  O  A  G  A  Z
T  O  U  V  L  A  P  O  T  E  K  S  N  A
E  V  S  F  M  A  T  A  F  F  Ä  R  D  X
K  G  E  V  S  Z  G  X  D  H  Y  A  E  E
E  S  U  H  T  U  B  R  H  O  T  E  L  L
Y  W  M  E  G  H  Y  F  A  U  T  W  A  E
```

FLYGPLATS	MARKNAD
BAGERI	MUSEUM
BANK	APOTEK
BOKHANDEL	SKOLA
KAFÉ	STADION
BIO	LAGRA
KLINIK	MATAFFÄR
GALLERI	TEATER
HOTELL	ZOO
BIBLIOTEK	

50 - Antarctica

```
G P V F H A L V Ö F X S G T
E E N T Å U L W R O F T L A
X E O F F G C Z D R Ö E A G
V G R G M I L J Ö S A N C T
I U K S R S W A M K R I I S
K V P P S A R L R A Z G Ä T
V A T T E N F P I R G J R O
Z X U K O N T I N E N T E P
M M I G R A T I O N C M R O
M O V E T E N S K A P L I G
U A L M I N E R A L E R X R
C Y E N J J Z B O C I U D A
E X P E D I T I O N X P O F
B E V A R A N D E T C G N I
```

VIK	ÖAR
FÅGLAR	MIGRATION
MOLN	MINERALER
BEVARANDE	HALVÖ
KONTINENT	FORSKARE
MILJÖ	STENIG
EXPEDITION	VETENSKAPLIG
GEOGRAFI	TOPOGRAFI
GLACIÄRER	VATTEN
IS	

51 - Ballet

```
K O R E O G R A F I G F L U
K O N R R E J F X P R Ä E T
O B R M U S K L E R A R K T
N I Y K T T Z Y B K C D T R
S W T J E Y W P A Z I I I Y
T A M C E S T I L H Ö G O C
N H P B P N T B L U S H N K
Ä V C P X N N E E B T E E S
R Ö V A L R F Y R M P T R F
L W S B E Å P C I O U E C U
I Z T M J F D Y N F B S S L
G T E K N I K E A Y L Z I L
D A N S A R E J R G I C I K
K O M P O S I T Ö R K H H X
```

APPLÅDER	LEKTIONER
KONSTNÄRLIG	MUSKLER
PUBLIK	MUSIK
BALLERINA	ORKESTER
KOREOGRAFI	ÖVA
KOMPOSITÖR	RYTM
DANSARE	FÄRDIGHET
UTTRYCKSFULL	STIL
GEST	TEKNIK
GRACIÖS	

52 - Human Body

```
H  D  Y  C  B  F  G  N  R  G  K  X  A  D
C  D  J  G  D  O  I  K  T  E  J  F  K  D
E  C  M  H  I  T  R  N  X  Z  H  M  U  N
L  H  A  N  D  L  H  Y  G  A  J  B  B  N
K  Ä  K  E  W  E  G  A  I  E  Ä  L  E  H
V  G  P  F  Y  D  O  F  K  O  R  O  N  U
B  S  A  P  H  U  V  U  D  A  N  D  G  D
A  C  H  V  A  X  E  L  W  N  A  O  Y  U
B  R  V  K  L  R  Z  C  F  S  A  H  T  L
E  Ö  V  O  S  A  G  X  B  I  F  J  X  X
A  R  M  B  Å  G  E  R  O  K  N  Ä  H  L
C  A  T  I  V  P  J  Z  C  T  R  R  I  B
N  Ä  S  A  L  A  P  L  L  E  I  T  F  B
K  N  X  F  W  X  F  H  P  Y  K  A  N  Z
```

FOTLED	HUVUD
BLOD	HJÄRTA
BEN	KÄKE
HJÄRNA	KNÄ
HAKA	LÄPPAR
ÖRA	MUN
ARMBÅGE	HALS
ANSIKTE	NÄSA
FINGER	AXEL
HAND	HUD

53 - Musical Instruments

```
M  S  B  P  P  K  G  F  J  P  L  A  S  T
D  B  L  I  M  R  D  I  G  C  Z  U  A  R
K  I  F  A  G  O  T  T  T  H  N  B  X  U
H  X  K  N  G  B  C  B  Z  A  A  B  O  M
M  P  P  O  B  V  C  Z  T  R  R  J  F  M
A  M  U  N  S  P  E  L  H  P  S  R  O  A
R  A  G  Y  X  A  L  R  V  A  N  K  N  R
I  N  D  O  A  R  L  W  K  F  I  O  L  E
M  D  B  A  N  J  O  T  R  U  M  P  E  T
B  O  B  O  E  G  T  A  M  B  U  R  I  N
A  L  T  A  V  M  F  E  R  W  Y  H  F  J
W  I  X  F  L  Ö  J  T  R  O  M  B  O  N
P  N  K  L  A  R  I  N  E  T  T  W  O  F
M  D  R  E  V  M  P  D  T  U  F  V  C  C
```

BANJO	MANDOLIN
FAGOTT	MARIMBA
CELLO	OBOE
KLARINETT	SLAGVERK
TRUMMA	PIANO
FLÖJT	SAXOFON
GONG	TAMBURIN
GITARR	TROMBON
MUNSPEL	TRUMPET
HARPA	FIOL

54 - Cooking Tools

```
K  S  N  U  U  M  N  V  Y  O  L  C  K  W
K  Y  A  Y  G  V  G  A  F  F  E  L  P  S
N  S  L  X  N  V  S  T  B  R  A  T  T  P
I  P  K  S  I  L  A  T  E  E  Z  M  D  A
V  I  B  E  K  M  S  E  S  L  O  C  K  T
Z  S  R  U  D  Å  V  N  T  C  U  T  A  E
E  Y  Ö  F  F  D  P  K  I  A  W  G  B  L
P  G  D  K  D  Y  U  O  C  Y  F  D  N  N
T  X  R  G  D  J  T  K  K  P  U  U  T  O
I  U  O  V  I  B  L  A  N  D  A  R  E  M
W  U  S  H  T  I  S  R  I  V  J  Ä  R  N
D  S  T  J  U  I  C  E  P  R  E  S  S  X
T  E  R  M  O  M  E  T  E  R  H  O  B  I
D  U  R  K  S  L  A  G  Y  D  J  R  B  Y
```

BLANDARE	UGN
DURKSLAG	KYLSKÅP
BESTICK	SAX
GAFFEL	SPATEL
RIVJÄRN	SKED
JUICEPRESS	SPIS
VATTENKOKARE	SIL
KNIV	TERMOMETER
LOCK	BRÖDROST

55 - Fruit

```
N P B Ä R Z W X W O H T I A
K E R E I B Z J R Z O M A G
N R K Ö R S B Ä R M V E G U
J S G T H P U G O K C L H A
F I O B A N A N K O K O S V
L K B G N R C F I K O N Z A
A A P L A M I M A N G O R P
X V X E N B T N P U R A H Z
S P O L A U R D R U V A G E
K A N K S A O O I P Ä R O N
I P P F A M N G K Z P L K I
W A K O H D X L O B P A J T
I Y Y D C F O W S W L J D P
Z A W W H A L L O N E E R A
```

ÄPPLE	KIWI
APRIKOS	CITRON
AVOKADO	MANGO
BANAN	MELON
BÄR	NEKTARIN
KÖRSBÄR	PAPAYA
KOKOS	PERSIKA
FIKON	PÄRON
DRUVA	ANANAS
GUAVA	HALLON

56 - Virtues #1

```
P A S S I O N E R A D B R A
R X N G P R A K T I S K Z V
C H A R M I G W W O H F B G
E K J U N W O D R B J B L Ö
P X Y J X Y W B L E Ä Z Y R
Å A K O N S T N Ä R L I G A
L R T R E N K Y V O P E S N
I M O I C Z L F I E S F A D
T I D L E G O I L N A F M E
L T J T I N K K T D M E K K
I C J H U G T E Z E A K S W
G E N E R Ö S N I Z Y T W H
I N T E L L I G E N T I F Z
G B M S Ä K E R A O M V W T
```

KONSTNÄRLIG	HJÄLPSAM
CHARMIG	OBEROENDE
REN	INTELLIGENT
SÄKER	BLYGSAM
NYFIKEN	PASSIONERAD
AVGÖRANDE	PATIENT
EFFEKTIV	PRAKTISK
ROLIG	PÅLITLIG
GENERÖS	KLOK
BRA	

57 - Kitchen

```
S  K  R  Y  D  D  O  R  K  F  G  F  K  G
K  X  N  J  W  X  N  S  T  G  V  R  A  A
Å  M  G  I  B  T  Z  D  C  S  D  Y  N  F
L  A  P  Y  V  Y  A  T  X  K  G  S  N  F
F  T  N  X  O  A  N  S  N  E  U  F  A  L
S  K  E  H  F  E  R  I  V  D  V  W  N  A
V  A  T  T  E  N  K  O  K  A  R  E  K  R
R  E  C  E  P  T  E  G  K  R  M  B  O  T
F  Ö  R  K  L  Ä  D  E  V  N  X  P  P  R
T  R  V  F  M  A  M  N  H  D  O  B  P  A
N  U  I  K  J  B  U  R  K  A  L  M  A  E
K  Y  L  S  K  Å  P  G  R  I  L  L  R  B
Ä  T  P  I  N  N  A  R  N  Z  L  X  G  N
Y  S  L  E  V  S  E  R  V  E  T  T  C  L
```

FÖRKLÄDE	VATTENKOKARE
SKÅL	KNIVAR
ÄTPINNAR	SLEV
KOPPAR	SERVETT
MAT	UGN
GAFFLAR	RECEPT
FRYS	KYLSKÅP
GRILL	KRYDDOR
BURK	SVAMP
KANNA	SKEDAR

58 - Art Supplies

```
U D A D D R C T I X P K S P
J S K P X N K K F D L A D A
L L V A T T E N C B É M V P
J E N G S H S Y D A H E X P
A K R Y L B O R S T A R R E
B S T A F F L I H R F A L R
K R E A T I V I T E T P I O
S U D D G U M M I W A E M L
U T B L Ä C K Y M L B N O J
F Ä R G E R I H X V E N O A
X Ä K M Y J X P B S L O Y L
M T R Ä K O L U W T L R X A
A X A G L S S W B O J S N G
D Z E A K V A R E L L E R Z
```

AKRYL	LIM
BORSTAR	IDÉER
KAMERA	BLÄCK
STOL	OLJA
TRÄKOL	FÄRG
LERA	PAPPER
FÄRGER	PENNOR
KREATIVITET	TABELL
STAFFLI	VATTEN
SUDDGUMMI	AKVARELLER

59 - Science Fiction

```
E  P  I  M  A  G  I  N  Ä  R  K  R  V  E
L  J  F  L  G  M  D  F  V  H  F  J  D  D
D  M  A  I  L  T  D  J  J  M  A  B  T  Y
B  U  N  B  R  U  Y  U  M  U  J  M  X  N
Ö  R  T  I  D  Y  S  T  O  P  I  F  J  A
C  B  A  O  K  E  M  I  K  A  L  I  E  R
K  O  S  K  P  E  J  D  O  R  A  K  E  L
E  G  T  X  B  I  O  N  N  A  T  O  M
R  A  I  E  X  P  L  O  S  I  O  N  Y  C
B  L  S  V  K  S  L  M  Y  S  T  I  S  K
J  A  K  Ä  R  R  T  A  T  E  K  N  I  K
E  X  T  R  E  M  U  J  N  X  L  U  Y  B
X  R  B  L  I  T  R  O  G  E  N  U  A  H
O  J  K  D  D  Z  R  O  B  O  T  A  R  H
```

ATOM	GALAX
BÖCKER	ILLUSION
KEMIKALIER	IMAGINÄR
BIO	MYSTISK
DYSTOPI	ORAKEL
EXPLOSION	PLANET
EXTREM	ROBOTAR
FANTASTISK	TEKNIK
ELD	UTOPI
TROGEN	VÄRLD

60 - Airplanes

```
Y  N  R  I  K  T  N  I  N  G  B  Z  N  H
S  P  A  S  S  A  G  E  R  A  R  E  P  Ä
G  A  T  M  O  S  F  Ä  R  M  Ä  D  I  R
V  Ä  T  E  B  H  A  E  E  O  N  E  L  K
H  Ö  J  D  A  E  I  T  L  T  S  S  O  O
C  Z  Z  V  L  P  S  S  A  O  L  I  T  M
H  V  E  Y  L  K  D  Ä  T  R  E  G  A  S
W  P  D  E  O  C  Y  H  T  O  E  N  D  T
T  Ä  V  E  N  T  Y  R  C  T  R  D  F  S
U  L  R  D  G  Y  A  B  A  N  N  I  W  E
P  R  O  P  E  L  L  E  R  B  A  I  A  B
K  O  N  S  T  R  U  K  T  I  O  N  N  K
H  I  M  M  E  L  C  F  E  U  X  Y  G  G
L  A  N  D  N  I  N  G  T  E  Y  U  W  P
```

ÄVENTYR	BRÄNSLE
LUFT	HÖJD
ATMOSFÄR	HISTORIA
BALLONG	VÄTE
KONSTRUKTION	LANDNING
BESÄTTNING	PASSAGERARE
HÄRKOMST	PILOT
DESIGN	PROPELLER
RIKTNING	HIMMEL
MOTOR	

61 - Ocean

```
A  Z  U  E  N  T  K  M  Y  W  N  J  K  I
Å  L  S  I  I  F  S  G  H  C  N  G  H  N
T  L  G  S  K  Ö  L  D  P  A  D  D  A  I
Å  O  G  E  K  R  A  B  B  A  V  D  J  S
N  Z  N  E  R  E  B  T  X  T  A  V  B  M
G  R  G  F  N  V  L  I  M  Z  L  X  X  A
E  Ä  A  I  I  X  Ä  D  S  A  L  T  T  N
R  K  G  S  G  S  C  V  R  H  G  J  X  E
P  A  F  K  A  V  K  A  S  N  O  X  K  T
E  B  D  J  W  A  F  T  O  D  S  F  O  Y
G  I  J  X  B  M  I  T  B  S  T  O  R  M
D  M  C  H  M  P  S  E  Y  J  R  A  A  T
D  E  L  F  I  N  K  N  K  H  O  R  L  W
O  D  B  X  A  R  B  V  P  H  N  K  L  K
```

ALGER	SALT
KORALL	TÅNG
KRABBA	HAJ
DELFIN	RÄKA
ÅL	SVAMP
FISK	STORM
MANET	TIDVATTEN
BLÄCKFISK	TONFISK
OSTRON	SKÖLDPADDA
REV	VAL

62 - Birds

```
H  B  F  Z  W  H  H  X  A  A  X  P  K  K
C  O  A  L  I  P  S  Z  G  F  I  E  Y  L
K  U  D  M  A  N  K  A  C  T  N  L  C  E
R  A  G  Å  S  M  J  J  R  P  R  I  K  D
Å  Ä  N  S  H  E  I  C  Z  B  U  K  L  K
K  R  G  A  Z  W  L  N  V  C  R  A  I  F
A  M  P  G  R  P  L  Y  G  E  S  N  N  J
S  P  A  R  V  I  F  U  Ö  O  T  X  G  N
T  Å  P  J  N  N  E  I  K  L  O  M  M  N
O  F  E  J  O  G  C  F  S  T  R  U  T  S
U  Å  G  H  Z  V  T  L  Å  C  K  Ö  F  D
C  G  O  L  J  I  X  H  Ä  G  E  R  X  T
A  E  J  X  Z  N  S  V  A  N  E  N  S  G
N  L  A  K  S  T  J  Y  L  P  X  L  E  M
```

KANARIEFÅGEL	HÄGER
KYCKLING	STRUTS
KRÅKA	PAPEGOJA
GÖK	PÅFÅGEL
ANKA	PELIKAN
ÖRN	PINGVIN
ÄGG	SPARV
FLAMINGO	STORK
GÅS	SVAN
MÅS	TOUCAN

63 - Art

```
V W T J S V K Z G S E F U Z
V Y D S F K U T R U P N T D
G M X K H G A K E R A M I K
C R Å U I N S P I R E R A D
F F W L B O J F A E U P P S
V I R P N R U Y W A T O E K
I D G T F I E E X L T E R I
S B C U Ä G N R I I R S S L
U T A R R I K G O S Y I O D
E A K M L N E T A M C Ä N R
L D N K I A L G B R K M L A
L X L L G L B Z F F T N I E
S Y M B O L H U M Ö R E G S
G B B K O M P L E X U S X I
```

KERAMIK
KOMPLEX
SKAPA
UTTRYCK
FIGUR
ÄRLIG
INSPIRERAD
HUMÖR
ORIGINAL
MÅLNINGAR

PERSONLIG
POESI
SKILDRA
SKULPTUR
ENKEL
ÄMNE
SURREALISM
SYMBOL
VISUELL

64 - Nutrition

```
K  V  A  L  I  T  E  T  J  M  P  K  N  V
P  A  I  Y  U  W  X  J  Ä  A  R  A  Ä  A
X  R  Z  K  Y  Y  S  M  S  T  O  L  R  N
D  M  C  X  T  O  X  I  N  S  T  O  I  O
Ä  T  L  I  G  L  A  K  I  M  E  R  N  R
J  M  K  K  I  N  X  O  N  Ä  I  I  G  O
B  N  B  H  A  O  I  N  G  L  N  E  S  R
F  R  I  S  K  A  P  T  I  T  E  R  Ä  H
V  I  T  A  M  I  N  W  E  N  R  J  M  Ä
C  F  T  S  M  A  K  F  Y  I  K  T  N  L
W  U  E  D  W  U  E  Y  F  N  Y  O  E  S
F  B  R  U  O  U  R  X  K  G  L  E  S  A
K  O  L  H  Y  D  R  A  T  E  R  H  Å  T
B  A  L  A  N  S  E  R  A  D  G  S  S  H
```

APTIT	VANOR
BALANSERAD	HÄLSA
BITTER	FRISKA
KALORIER	NÄRINGSÄMNE
KOLHYDRATER	PROTEINER
KOST	KVALITET
MATSMÄLTNING	SÅS
ÄTLIG	TOXIN
JÄSNING	VITAMIN
SMAK	VIKT

65 - Hiking

```
P  S  J  K  R  S  T  Ö  V  L  A  R  L  E
A  N  A  L  C  I  H  E  I  O  T  P  T  N
R  J  B  I  A  O  S  T  R  Ö  T  T  O  A
K  R  T  M  M  U  O  K  A  R  T  A  R  T
E  T  G  A  P  A  L  B  E  R  G  S  I  U
R  W  U  T  I  O  H  Z  D  R  K  P  E  R
M  L  I  N  N  A  J  B  U  D  X  N  N  V
T  M  D  Z  G  Y  S  K  J  R  J  V  T  A
S  T  E  N  A  R  M  S  K  M  G  U  E  T
W  D  W  B  U  H  F  W  L  I  M  X  R  T
Z  V  Z  R  O  P  L  C  I  Y  P  B  I  E
T  O  P  P  M  Ö  T  E  P  V  I  Z  N  N
R  V  I  L  D  D  E  M  P  M  L  W  G  O
Z  P  I  A  K  Y  P  C  A  G  Z  A  T  Z
```

DJUR	NATUR
STÖVLAR	ORIENTERING
CAMPING	PARKER
KLIPPA	STENAR
KLIMAT	TOPPMÖTE
GUIDE	SOL
RISKER	TRÖTT
TUNG	VATTEN
KARTA	VILD
BERG	

66 - Professions #1

```
G P S Y K O L O G T H A M J
S E K D A N S A R E E M S U
J C O H R I N F V Z W B K V
Ö K Y L T R Ö R M O K A R E
M J G P O L U N B O H S Ä L
A O Z I G G Ä I V P E S D E
N O J A R C H K B P O A D R
T R Ä N A R E N A S D D A A
E A G I F K A O W R R Ö R R
C L A S J M U S I K E R E E
B F R T D O S A D V O K A T
F V E R E D A K T Ö R T S B
N Z B A N K I R A Y C N T I
A S T R O N O M R F E L M V
```

AMBASSADÖR	GEOLOG
ASTRONOM	JÄGARE
ADVOKAT	JUVELERARE
BANKIR	MUSIKER
KARTOGRAF	PIANIST
TRÄNARE	RÖRMOKARE
DANSARE	PSYKOLOG
LÄKARE	SJÖMAN
REDAKTÖR	SKRÄDDARE

67 - Dinosaurs

```
F  Ö  R  H  I  S  T  O  R  I  S  K  F  R
N  I  W  C  U  G  F  S  E  O  N  D  I  O
R  C  G  B  K  S  H  S  V  N  I  U  D  V
O  V  C  Y  K  L  S  K  F  A  O  R  U  F
V  Ä  X  T  Ä  T  A  R  E  O  N  R  A  Å
D  P  G  E  X  W  L  A  R  T  S  S  M  G
J  O  R  D  X  E  L  F  U  X  O  S  U  E
U  E  O  X  S  M  Ä  T  R  E  P  T  I  L
R  M  A  M  M  U  T  F  S  P  U  B  Z  L
V  I  N  G  A  R  A  U  Z  P  V  W  K  N
J  K  F  S  T  O  R  L  E  K  Z  O  S  B
V  E  R  A  J  V  E  L  N  E  E  J  T  B
F  Ö  R  S  V  I  N  N  A  N  D  E  O  J
Y  K  L  E  V  O  L  U  T  I  O  N  R  S
```

ROVDJUR	KRAFTFULL
FÖRSVINNANDE	FÖRHISTORISK
JORD	BYTE
ENORM	ROVFÅGEL
EVOLUTION	REPTIL
FOSSIL	STORLEK
VÄXTÄTARE	ART
STOR	SVANS
MAMMUT	OND
ALLÄTARE	VINGAR

68 - Barbecues

```
K  H  K  D  L  W  V  B  C  A  Y  J  O  K
N  A  X  M  P  O  A  A  F  P  S  Å  S  T
I  K  S  A  U  C  L  R  R  O  O  P  J  K
V  I  G  T  K  S  H  N  U  M  M  S  E  K
A  G  R  I  L  L  I  V  K  M  M  A  K  L
R  I  H  U  S  J  W  K  T  I  A  L  Y  G
G  R  Ö  N  S  A  K  E  R  D  R  L  C  A
L  K  V  Z  V  O  O  Z  S  D  Z  A  K  F
O  T  V  Z  E  O  M  R  A  A  P  D  L  F
U  C  U  F  U  U  W  G  L  G  B  E  I  L
V  Ä  N  N  E  R  S  Y  T  D  K  R  N  A
H  U  N  G  E  R  F  A  M  I  L  J  G  R
J  A  A  L  A  X  F  K  Y  A  U  T  N  P
T  O  M  A  T  E  R  X  D  U  G  X  A  H
```

KYCKLING	VARM
BARN	HUNGER
MIDDAG	KNIVAR
FAMILJ	MUSIK
MAT	SALLADER
GAFFLAR	SALT
VÄNNER	SÅS
FRUKT	SOMMAR
SPEL	TOMATER
GRILL	GRÖNSAKER

69 - Surfing

```
P N O N W P R V S K U M J R
P I Y L D M M S T I L Ä E Z
I F Z B I F A O R R P S K N
D O X I Ö F Z R A C J T V G
R L E X T R E M N Z B A W M
O K P D D O J H D L X R N A
T M O R J L A A O O S E L G
T A P L J I F S R E V Å G E
A S U X N G D T M E K P Y W
R S L S K T T I S P R A Y D
E O Ä X X Y P G X P H D Z G
F R R W V N A H A V S D K S
V Ä D E R T D E W M J L L X
U Y F L T S S T Y R K A Z F
```

IDROTTARE	POPULÄR
STRAND	REV
NYBÖRJARE	HASTIGHET
MÄSTARE	SPRAY
FOLKMASSOR	MAGE
EXTREM	STYRKA
SKUM	STIL
ROLIGT	VÅG
HAV	VÄDER
PADDLA	

70 - Chocolate

```
V  Z  F  P  P  E  E  Y  C  O  I  H  Y  E
I  N  T  Z  U  X  P  O  G  E  L  U  D  C
E  W  K  A  L  O  R  I  E  R  E  B  H  S
N  G  O  A  V  T  Z  F  R  J  Y  I  V  S
Y  N  K  Z  E  I  M  C  E  X  N  T  F  R
K  A  O  S  R  S  R  B  I  Z  B  T  P  G
G  V  S  Ö  P  K  I  E  B  J  V  E  O  K
R  O  A  T  Y  M  K  O  L  A  A  R  O  M
E  D  D  L  L  Ä  C  K  E  R  S  M  A  K
C  Z  P  I  I  K  A  I  V  D  U  J  D  M
E  K  P  F  S  T  A  S  K  S  Z  B  X  W
P  Y  I  P  S  A  E  K  N  E  F  O  D  V
T  P  S  X  B  I  W  T  A  P  D  F  I  W
U  F  A  V  O  R  I  T  S  O  C  K  E  R
```

AROM	EXOTISK
BITTER	FAVORIT
KAKAO	PULVER
KALORIER	KVALITET
GODIS	RECEPT
KOLA	SOCKER
KOKOS	SÖT
LÄCKER	SMAK

71 - Vegetables

```
O  R  P  K  M  S  B  R  O  V  A  T  P  S
S  A  L  L  A  D  P  R  H  T  U  A  G  E
Ä  U  R  X  M  A  Z  E  O  I  E  L  Ä  L
R  Ä  D  I  S  A  U  R  N  C  F  W  G  L
T  I  T  C  V  G  U  R  K  A  C  M  G  E
A  M  P  O  A  F  Z  C  N  A  T  O  P  R
Y  B  L  O  M  K  Å  L  K  Z  J  R  L  I
D  P  U  M  P  A  F  M  S  U  F  O  A  I
V  I  T  L  Ö  K  T  G  D  P  E  T  N  E
P  E  R  S  I  L  J  A  Y  X  V  G  T  O
K  R  O  N  Ä  R  T  S  K  O  C  K  A  O
W  W  J  T  I  U  K  I  L  Ö  K  H  Y  O
I  N  G  E  F  Ä  R  A  A  O  S  O  P  M
S  C  H  A  L  O  T  T  E  N  L  Ö  K  G
```

KRONÄRTSKOCKA	LÖK
BROCCOLI	PERSILJA
MOROT	ÄRTA
BLOMKÅL	PUMPA
SELLERI	RÄDISA
GURKA	SALLAD
ÄGGPLANTA	SCHALOTTENLÖK
VITLÖK	SPENAT
INGEFÄRA	TOMAT
SVAMP	ROVA

72 - Boats

```
T N K C K P A G N H X G U D
I A Y A C H T Y N M M K H Z
D U L S J Ö M A N Y V J F K
V T E Z B A J F L O T T E D
A I N F E X K K Y I P T F K
T S Z Ä S J Ö X E Y V S O I
T K D R Ä P S E G E L B Å T
E R O J T O M F H M E B Å C
N N C A T P M O T O R E P T
H G K H N C A N K A R E O H
F Z A A I F S B O J R S J L
S C L V N L T E T F B O P N
F M F G G O L T K T F N F W
J I F B K D T J C F P D F O
```

ANKARE
BOJ
KANOT
BESÄTTNING
DOCKA
MOTOR
FÄRJA
KAJAK
SJÖ
LIVBÅT

MAST
NAUTISK
FLOTTE
FLOD
REP
SEGELBÅT
SJÖMAN
HAV
TIDVATTEN
YACHT

73 - Activities and Leisure

```
S U F F D F V H E Y I V A M
G D W P Z G X B G H V O N U
T Ä V L I N G S B N V D D F
S A M K O N S T F V P Y K O
B U V Å S O B S B A S K E T
A S R K L I Y H F N C N H B
S I E F O N I V H D A I A O
E M S I I P I E W R M N N L
B N A S J N P N Y I P G D L
O I B K J U G L G N I O L K
L N S E X N T G A G N L A O
L G E P B O X N I N G F O U
V O L L E Y B O L L D J S D
B T E N N I S C X O M E O O
```

KONST
BASEBOLL
BASKET
BOXNING
CAMPING
DYKNING
FISKE
GOLF
VANDRING
MÅLNING

TÄVLINGS
AVKOPPLANDE
HANDLA
FOTBOLL
SURFING
SIMNING
TENNIS
RESA
VOLLEYBOLL

74 - Driving

```
F F O T G Ä N G A R E T P Y
K A R T A M B I L V E G Z R
E S R R R O F G V P R U K S
N Ä H A A T L U T Ä A P F M
G K A F G O I V F E G O L O
X E S I E R C I X W A L I T
O R T K H L E R R U S I L O
L H I F O C N B R O M S A R
Y E G F F M S V R M T M S C
C T H J Ö A P T M Ä U G T Y
K F E T R L D Y L I N C B K
A Z T D A D O S E R N S I E
Z L A N R E W S D R E J L L
R I X X E E P J X R L P K E
```

OLYCKA
BROMSAR
BIL
FARA
FÖRARE
BRÄNSLE
GARAGE
GAS
LICENS
KARTA

MOTOR
MOTORCYKEL
FOTGÄNGARE
POLIS
VÄG
SÄKERHET
HASTIGHET
TRAFIK
LASTBIL
TUNNEL

75 - Professions #2

```
V  L  Ä  R  A  R  E  P  T  H  M  B  F  D
A  P  I  L  O  T  B  M  X  D  Y  I  O  E
I  B  O  N  D  E  I  N  O  A  J  O  T  T
L  E  U  F  G  T  B  N  R  G  O  L  O  E
L  F  P  O  T  V  L  U  G  A  U  O  G  K
U  I  P  R  A  P  I  R  A  E  R  G  R  T
S  L  F  S  N  Z  O  S  S  B  N  W  A  I
T  O  I  K  D  O  T  T  O  A  J  F  V
R  S  N  A  L  O  E  M  R  K  L  L  Ö  S
A  O  N  R  Ä  L  K  Å  O  U  I  Ä  K  R
T  F  A  E  K  O  A  L  N  Y  S  K  J  A
Ö  N  R  N  A  G  R  A  A  E  T  A  W  Z
R  T  E  E  R  K  I  R  U  R  G  R  M  U
A  E  F  T  E  H  E  E  T  K  B  E  Y  V
```

ASTRONAUT
BIOLOG
TANDLÄKARE
DETEKTIV
INGENJÖR
BONDE
ILLUSTRATÖR
UPPFINNARE
JOURNALIST
BIBLIOTEKARIE

LINGVIST
MÅLARE
FILOSOF
FOTOGRAF
LÄKARE
PILOT
FORSKARE
KIRURG
LÄRARE
ZOOLOG

76 - Emotions

```
L D L L S M G A H N A X R U
U V I S K J E T K G D F Ä P
K Ä R L E K N S S N B Ö D P
A N N Ä S A E T A F E V S H
V L T T T K R A L S I E L E
S I M T O J A C I E O R A T
L G E N Ö J D K G L D R J S
A H I A M A G S H U L A G A
P E Y D H R G A E G C S L D
P T F R E D M M T N D K Ä W
N T B O T G X L A U J N D C
A X C F Z S Y M P A T I J T
D I N N E H Å L L Y N N E C
B K T P M S T F O L V G V T
```

ILSKA	KÄRLEK
SALIGHET	FRED
LEDA	AVSLAPPNAD
INNEHÅLL	LÄTTNAD
GENERAD	SORG
UPPHETSAD	NÖJD
RÄDSLA	ÖVERRASKNING
TACKSAM	SYMPATI
GLÄDJE	ÖMHET
VÄNLIGHET	LUGN

77 - Mythology

```
D M K U Å S K A B O T R O E
L K O A Y V L B Y D X F E B
F U F N J A V L D Ö Z E W E
P L K S S R A A D D T C T
V T V K K T R B H L X K S E
D U X L A S E Y J I Z I G E
Ö R A D P J L R Ä G M D Y N
D J R K A U S I L H Ä M N D
L L K R N K E N T E W W E E
I L E I D A F T E T B K G L
G U T G E K A T A S T R O F
C P Y A E A X G U D O M E W
C D P R B N B L I X T D J J
H F K E U K D N Z B S I G B
```

ARKETYP	ODÖDLIGHET
BETEENDE	SVARTSJUKA
TRO	LABYRINT
SKAPANDE	LEGEND
VARELSE	BLIXT
KULTUR	MONSTER
GUDOM	DÖDLIG
KATASTROF	HÄMND
HIMMEL	ÅSKA
HJÄLTE	KRIGARE

78 - Hair Types

```
L M R V B K T Y H W N E X L
Å A J T F K O R T Z R U L R
N Z X U X S K M F L Ä T A D
G E Y N K K S L L U H O L F
B L O N D I A R Ä K L R O K
F S O N U N H P T M E R C F
L R D C L A T J O C K Y K G
V O I H B N F Ä R G A D A K
N S C S T D S V A R T N R U
E M U K K E I Å Y B R U N F
X E Z Z I A Y G Y K C F G D
D X L B F G V I T Z O G P T
M G B K Z E T G R Å W V H L
V S K A L L I G G F O P P B
```

SKALLIG	GRÅ
SVART	FRISKA
BLOND	LÅNG
FLÄTAD	SKINANDE
FLÄTOR	KORT
BRUN	MJUK
FÄRGAD	TJOCK
LOCKAR	TUNN
LOCKIGT	VÅGIG
TORR	VIT

79 - Furniture

```
S  K  R  I  V  B  O  R  D  F  H  S  W  V
Ä  V  S  H  Y  L  L  O  R  M  B  R  P  E
N  F  U  N  Y  G  A  R  D  I  N  E  R  I
G  M  Å  B  Y  R  Å  M  A  D  R  A  S  S
K  U  C  T  S  A  A  M  P  C  O  K  T  F
Z  U  A  J  Ö  S  O  F  F  A  L  H  O  U
H  J  D  F  H  L  M  H  F  W  D  Y  L  T
W  O  J  D  T  L  J  B  S  M  T  F  M  O
H  F  A  I  E  B  O  K  H  Y  L  L  A  N
F  V  P  E  T  Ä  E  U  D  S  A  W  T  U
R  V  X  S  F  N  L  D  U  J  L  K  T  C
S  I  T  P  P  K  J  D  F  A  A  X  A  B
H  X  H  Ä  N  G  M  A  T  T  A  T  V  G
S  P  E  G  E  L  X  R  M  P  G  J  J  M
```

FÅTÖLJ	BYRÅ
SÄNG	FUTON
BÄNK	HÄNGMATTA
BOKHYLLA	LAMPA
STOL	MADRASS
SOFFA	SPEGEL
GARDINER	KUDDE
KUDDAR	MATTA
SKRIVBORD	HYLLOR

80 - Garden

```
V W W E B B S G B Y G H N D
G P Y N U P V L Ä T R Ä D A
T R Ä F S A R X N E Ä N T M
A R Ä D K C H W K F S G R M
S A Ä S E J M T L F L M A H
K T K D M B L O M M A A M M
Y E A B G A C Z W Y N T P W
F R P K X Å T Y T A G T O A
F R L Z E F R T B O A A L F
E A Z N K T N D A B R A I N
L S E W C O G R Ä S A P N C
O S V E R A N D A U G V I N
X T F Z J R Z C B L E N N Z
F R U K T T R Ä D G Å R D S
```

BÄNK	FRUKTTRÄDGÅRD
BUSKE	DAMM
STAKET	VERANDA
BLOMMA	RÄFSA
GARAGE	SKYFFEL
TRÄDGÅRD	TERRASS
GRÄS	TRAMPOLIN
HÄNGMATTA	TRÄD
SLANG	VIN
GRÄSMATTA	OGRÄS

81 - Birthday

```
E  S  H  Y  F  R  F  L  N  F  V  Z  I  R
A  Y  Z  G  I  C  O  S  F  Ö  V  U  N  G
L  T  O  L  R  U  J  L  X  D  F  X  B  D
Y  Å  N  A  A  K  C  V  I  D  U  Z  J  H
C  L  T  D  N  A  J  I  R  G  P  B  U  P
K  J  I  L  D  L  V  V  M  Å  T  R  D  K
L  U  D  B  E  E  I  Ä  Z  V  Y  T  N  O
I  S  Z  A  V  N  S  A  N  A  L  G  I  R
G  Å  R  E  B  D  D  B  B  N  P  W  N  T
K  A  K  A  L  E  O  P  C  G  E  E  G  N
A  W  M  O  R  R  M  Z  Y  M  H  R  A  Y
H  P  A  Z  J  J  F  N  T  V  B  V  R  D
S  Ä  R  S  K  I  L  D  A  G  R  M  K  G
O  A  J  B  P  Z  X  C  P  Y  A  Y  U  I
```

FÖDD	BRA
KAKA	LYCKLIG
KALENDER	INBJUDNINGAR
LJUS	GLAD
KORT	LÅT
FIRANDE	SÄRSKILD
DAG	TID
VÄNNER	VISDOM
ROLIGT	ÅR
GÅVA	UNG

82 - Beach

```
V  S  X  L  B  G  N  Y  J  J  L  C  S  K
M  C  H  E  V  S  N  O  E  C  P  Y  E  O
D  R  I  W  W  O  A  M  H  O  T  O  G  A
G  O  R  G  F  L  F  N  I  G  X  S  E  B
L  N  C  J  A  H  A  N  D  D  U  K  L  F
Z  I  L  K  D  G  K  G  Z  A  C  A  B  Z
Y  C  C  H  A  N  R  E  V  Z  L  L  Å  G
C  Y  V  C  A  M  A  U  K  U  A  E  T  D
J  L  U  N  F  V  B  Å  T  C  G  G  R  B
T  N  K  I  S  U  B  L  Å  E  U  B  Ö  P
T  V  H  D  A  N  A  P  O  H  N  G  R  O
E  R  J  U  N  P  A  R  A  P  L  Y  Y  P
T  O  O  F  D  S  E  M  E  S  T  E  R  D
F  B  R  K  U  S  T  D  I  A  X  M  G  L
```

BLÅ	SAND
BÅT	SANDALER
KUST	HAV
KRABBA	SKAL
DOCKA	SOL
LAGUN	HANDDUK
REV	PARAPLY
SEGELBÅT	SEMESTER

83 - Adjectives #1

```
Ä  A  L  C  D  F  C  K  H  H  L  A  A  M
I  R  G  T  H  M  H  O  J  A  Y  B  L  D
Y  O  L  L  E  S  L  N  Ä  L  C  S  L  P
A  M  B  I  T  I  Ö  S  L  S  K  O  V  O
G  A  G  D  G  D  E  T  P  K  L  L  A  E
U  T  E  E  X  O  J  N  S  Ö  I  U  R  B
M  I  N  N  W  O  C  Ä  A  N  G  T  L  E
O  S  E  T  L  Z  W  R  M  R  P  U  I  X
D  K  R  I  Y  Å  K  L  Ö  Z  T  N  G  O
E  V  Ö  S  I  H  N  I  R  A  K  N  N  T
R  W  S  K  F  I  S  G  K  T  U  N  G  I
N  R  Z  M  H  I  T  K  S  C  H  M  L  S
A  T  T  R  A  K  T  I  V  A  P  O  P  K
B  O  V  I  K  T  I  G  F  Y  M  E  X  B
```

ABSOLUT	TUNG
AMBITIÖS	HJÄLPSAM
AROMATISK	ÄRLIG
KONSTNÄRLIG	IDENTISK
ATTRAKTIV	VIKTIG
SKÖN	MODERN
MÖRK	ALLVARLIG
EXOTISK	LÅNGSAM
GENERÖS	TUNN
LYCKLIG	

84 - Rainforest

```
L  L  K  C  T  I  L  L  F  L  Y  K  T  M
W  U  N  P  T  I  O  B  N  T  M  L  R  O
V  Ä  R  D  E  F  U  L  L  U  Å  I  Z  S
D  Ä  G  G  D  J  U  R  S  N  N  M  R  S
Ö  V  E  R  L  E  V  N  A  D  G  A  E  A
A  U  N  Y  A  M  T  A  B  G  F  T  S  I
D  M  R  C  M  C  E  T  O  E  A  E  P  N
J  O  F  Y  B  L  L  U  T  M  L  Z  E  S
U  L  Å  I  O  A  J  R  A  E  D  B  K  E
N  N  G  H  B  S  X  O  N  N  P  L  T  K
G  W  L  I  B  I  V  P  I  S  T  A  R  T
E  S  A  I  N  H  E  M  S  K  A  T  J  E
L  L  R  O  I  D  S  R  K  A  T  T  Y  R
B  E  V  A  R  A  N  D  E  P  Z  X  W  B
```

AMFIBIER	DÄGGDJUR
FÅGLAR	MOSSA
BOTANISK	NATUR
KLIMAT	BEVARANDE
MOLN	TILLFLYKT
GEMENSKAP	RESPEKT
MÅNGFALD	ART
INHEMSK	ÖVERLEVNAD
INSEKTER	VÄRDEFULL
DJUNGEL	

85 - Technology

```
U N N K E F H P L B S M D G
B L O G G C O Y E K K A I B
T I M K A M E R A U Ä R G Y
E N G I L G N D S G R K I T
C T Y D V I R U S K M Ö T E
K E D A T O R P F W N R A L
E R S T A T I S T I K I L O
N N Y A S Ä K E R H E T N I
S E P R O G R A M V A R A G
N T S J L R U K R I H F F F
I V I R T U E L L S E Z I R
T G V M E D D E L A N D E L
T T Z F T P H E Y R C Z H B
S H L X U C B V D F H O W L
```

BLOGG	INTERNET
BYTE	MEDDELANDE
KAMERA	FORSKNING
DATOR	SKÄRM
MARKÖR	SÄKERHET
DATA	PROGRAMVARA
DIGITAL	STATISTIK
VISA	VIRTUELL
FIL	VIRUS
TECKENSNITT	

86 - Landscapes

```
K  F  B  W  B  E  L  D  G  B  O  L  Z  M
F  L  M  N  E  A  O  T  O  R  R  A  A  P
N  O  I  K  R  V  Z  K  R  C  O  A  S  R
P  D  T  P  G  O  G  O  H  M  P  T  T  G
A  J  A  R  P  N  U  H  A  L  V  Ö  T  L
O  M  I  V  Ä  A  B  E  V  Z  U  K  U  A
E  N  Z  B  I  S  T  R  A  N  D  E  N  C
S  W  M  Z  S  K  K  J  R  C  A  N  D  I
H  E  S  H  B  V  V  D  K  B  L  B  R  Ä
K  U  L  L  E  U  T  A  G  L  E  D  A  R
T  Z  W  E  R  L  X  H  R  E  Z  X  J  V
P  A  V  Z  G  K  W  D  S  T  M  S  B  F
A  I  I  C  T  A  G  E  J  S  E  R  I  P
H  K  P  G  V  N  W  T  Ö  H  F  O  A  W
```

STRAND	BERG
GROTTA	OAS
KLIPPA	HALVÖ
ÖKEN	FLOD
GEJSER	HAV
GLACIÄR	TRÄSK
KULLE	TUNDRA
ISBERG	DAL
SJÖ	VULKAN

87 - Visual Arts

```
P  L  V  U  X  X  H  G  M  W  I  L  D  P
E  O  A  L  K  X  P  R  B  U  J  Z  X  X
R  M  R  S  A  S  K  U  L  P  T  U  R  G
S  P  K  T  T  C  L  E  R  A  U  Z  Y  P
P  A  I  P  R  A  K  O  N  S  T  N  Ä  R
E  W  T  Z  Ä  Ä  F  I  L  M  I  C  Y  K
K  D  E  L  K  U  T  F  U  J  T  X  U  E
T  A  K  N  O  X  N  T  L  B  D  U  Z  R
I  X  T  V  L  M  Å  L  N  I  N  G  O  A
V  P  U  M  Ä  S  T  E  R  V  E  R  K  M
H  K  R  I  T  A  S  T  E  N  C  I  L  I
F  O  T  O  G  R  A  F  I  R  D  V  B  K
K  R  E  A  T  I  V  I  T  E  T  A  R  G
P  E  N  N  A  L  T  M  D  G  Y  X  F  G
```

ARKITEKTUR	MÅLNING
KONSTNÄR	PENNA
KERAMIK	PERSPEKTIV
KRITA	FOTOGRAFI
TRÄKOL	PORTRÄTT
LERA	SKULPTUR
KREATIVITET	STENCIL
STAFFLI	LACK
FILM	VAX
MÄSTERVERK	

88 - Plants

```
Z A K D T S G R Ä S N U V T
I M J Y R T Ö B V P O W E E
O T O C Ä A D L Ö S D L G K
N H Z S D M S O H N T L E H
F F B U S K E M S V A B T P
F K T T Y A L M K J V A A K
R G D R M K Ö A O P W M T C
C E F Ä T T V K G R B B I E
M X L D L U V D S X J U O R
L T O G M S E R O T W W N V
B Ä R Å Z I R B O T A N I K
X P A R K H K R O N B L A D
K E D D M U R G R Ö N A K I
W C U G N D I H T P V G P V
```

BAMBU	SKOG
BÖNA	TRÄDGÅRD
BÄR	GRÄS
BOTANIK	MURGRÖNA
BUSKE	MOSSA
KAKTUS	KRONBLAD
GÖDSEL	ROT
FLORA	STAM
BLOMMA	TRÄD
LÖVVERK	VEGETATION

89 - Countries #2

```
N I K S E U L G L U E H O J
P E F O G M J Y H G T J I A
W S P M G X T S H A I T I M
T Y U A V L I B A N O N S A
N R T L L C P K D D P U J I
I I L I B E R I A A I R M C
G E U A K L D J V Y E D E A
E N K M Z H A B A C N N X D
R X R E N E N O X P P U I G
I C A A H T M A S H A U C S
A S I A L B A N I E N N O U
C G N C T G R E K L A N D D
S S A C P A K I S T A N U A
R Y S S L A N D P U F B H N
```

ALBANIEN

DANMARK

ETIOPIEN

GREKLAND

HAITI

JAMAICA

JAPAN

LAOS

LIBANON

LIBERIA

MEXICO

NEPAL

NIGERIA

PAKISTAN

RYSSLAND

SOMALIA

SUDAN

SYRIEN

UGANDA

UKRAINA

90 - Ecology

```
M  A  H  V  X  U  H  S  N  E  N  X  D  M
S  E  C  K  Ä  R  R  O  A  C  A  R  T  Å
A  U  D  Y  Z  X  Z  Ö  T  D  T  O  M  N
M  I  O  E  Z  V  T  V  U  F  U  D  M  G
H  F  Z  A  L  E  B  E  R  G  R  L  U  F
Ä  K  N  I  P  G  P  R  R  K  L  J  I  A
L  I  F  K  Z  E  H  L  F  K  I  I  B  L
L  M  K  B  W  T  Å  E  I  L  G  B  X  D
E  G  L  O  B  A  L  V  L  I  O  V  P  M
N  T  X  P  H  T  L  N  X  M  A  R  I  N
T  O  R  K  A  I  B  A  F  A  V  V  A  J
F  A  U  N  A  O  A  D  E  T  G  I  H  D
Y  V  N  L  B  N  R  T  U  O  Y  C  C  Z
L  I  V  S  M  I  L  J  Ö  W  Y  W  W  N
```

KLIMAT	BERG
SAMHÄLLEN	NATURLIG
MÅNGFALD	NATUR
TORKA	VÄXTER
FAUNA	MEDEL
FLORA	ART
GLOBAL	ÖVERLEVNAD
LIVSMILJÖ	HÅLLBAR
MARIN	VEGETATION
KÄRR	

91 - Adjectives #2

```
S  Ö  M  N  I  G  A  N  S  V  A  R  I  G
H  K  P  R  O  D  U  K  T  I  V  N  B  H
K  F  R  A  Z  V  W  U  M  O  C  H  D  U
B  Ä  I  E  S  C  E  A  N  V  A  R  M  N
E  U  N  Y  A  J  F  R  I  S  K  A  G  G
S  U  T  D  L  T  V  F  S  U  A  U  H  R
K  U  R  E  T  V  I  S  T  O  L  T  G  I
R  R  E  V  L  B  L  V  A  J  I  E  Y  G
I  X  S  X  H  E  D  Y  R  Y  T  N  K  L
V  Z  S  H  H  G  G  J  K  H  L  T  R  P
A  Y  A  V  P  Å  F  A  U  L  O  I  Y  S
N  H  N  T  W  V  D  P  N  I  A  S  I  F
D  L  T  G  B  A  T  H  B  T  L  K  O  X
E  T  O  R  R  D  N  A  T  U  R  L  I  G
```

AUTENTISK	INTRESSANT
KREATIV	NATURLIG
BESKRIVANDE	NY
TORR	PRODUKTIV
ELEGANT	STOLT
KÄND	ANSVARIG
BEGÅVAD	SALT
FRISKA	SÖMNIG
VARM	STARK
HUNGRIG	VILD

92 - Math

```
O  F  R  H  I  T  D  F  V  F  D  T  A  T
E  M  N  A  Z  K  V  R  I  J  B  X  R  R
S  X  K  I  C  N  O  A  N  X  D  P  I  I
J  H  P  R  J  H  L  K  K  D  Z  A  T  A
F  N  I  O  E  P  Y  T  L  I  Z  R  M  N
S  Y  G  B  N  T  M  I  A  V  P  A  E  G
Y  B  D  J  G  E  S  O  R  I  S  L  T  E
M  B  E  L  E  J  N  N  A  S  U  L  I  L
M  G  C  T  O  R  G  T  D  I  M  E  S  O
E  D  I  A  M  E  T  E  R  O  M  L  K  S
T  L  M  W  E  H  I  A  I  N  A  L  I  O
R  O  A  P  T  K  P  O  L  Y  G  O  N  B
I  W  L  N  R  E  K  T  A  N  G  E  L  S
S  R  A  D  I  E  K  V  A  T  I  O  N  W
```

VINKLAR	TAL
ARITMETISK	PARALLELL
OMKRETS	POLYGON
DECIMAL	RADIE
DIAMETER	REKTANGEL
DIVISION	TORG
EKVATION	SUMMA
EXPONENT	SYMMETRI
FRAKTION	TRIANGEL
GEOMETRI	VOLYM

93 - Water

```
A N B Z B Ö Å V T T F F O P
V Z G H Y V T N U U U U H E
D C D A H E F U G G K K B F
U F K V U R M U X A T T Z K
N F L O D S G M K W I I S Z
S J Ö U U V K E W T G G Z I
T F W M S Ä E D J H J H K O
N N G O C M Y X K S J E L T
I V F N H N P W A A E T P K
N Å R S I I C U N Y N R X T
G G O U Z N I W A O R K A N
O O S N Ö G H C L R E G N T
Z R T B E V A T T N I N G H
F Y V X S C R Y W K P L Y S
```

KANAL	SJÖ
FUKTIG	FUKT
AVDUNSTNING	MONSUN
ÖVERSVÄMNING	HAV
FROST	REGN
GEJSER	FLOD
FUKTIGHET	DUSCH
ORKAN	SNÖ
IS	ÅNGA
BEVATTNING	VÅGOR

94 - Activities

```
G  N  I  T  X  R  K  C  A  M  P  I  N  G
V  A  N  D  R  I  N  G  K  J  N  D  K  L
S  W  T  X  R  S  D  X  T  V  D  A  E  Ä
L  P  R  C  V  T  R  P  I  F  D  N  R  S
V  O  E  E  H  I  N  P  V  O  J  S  A  N
F  F  S  L  F  C  G  N  I  T  A  F  M  I
H  U  S  N  M  K  S  U  T  O  K  E  I  N
F  A  E  L  D  N  Ö  J  E  G  T  M  K  G
I  R  N  J  Y  I  M  T  T  R  V  A  O  R
S  F  I  T  C  N  N  I  Z  A  W  G  N  B
K  V  E  T  V  G  A  B  U  F  E  I  S  F
E  Y  N  K  I  E  D  B  T  I  O  N  T  R
T  Y  A  U  C  D  R  X  K  H  Z  F  L  K
F  O  Y  I  E  L  L  K  Y  E  V  Z  A  V
```

AKTIVITET	JAKT
KONST	INTRESSEN
CAMPING	STICKNING
KERAMIK	FRITID
HANTVERK	MAGI
DANS	FOTOGRAFI
FISKE	NÖJE
SPEL	LÄSNING
VANDRING	SÖMNAD

95 - Literature

```
B  N  B  A  N  A  L  O  G  I  Y  Z  I  O
I  E  R  E  F  Ö  R  F  A  T  T  A  R  E
O  P  R  K  S  V  O  F  A  E  R  H  M  J
G  N  E  Ä  S  K  L  D  T  M  A  X  E  Ä
R  C  Y  K  T  L  R  F  G  A  G  R  T  M
A  N  F  T  Z  T  U  I  X  K  E  O  A  F
F  R  K  I  Y  K  A  T  V  A  D  M  F  Ö
I  I  D  Z  B  J  P  R  S  N  I  A  O  R
I  M  D  I  A  L  O  G  E  A  I  N  R  E
S  T  I  L  L  D  E  X  X  L  T  N  H  L
F  I  K  H  Z  U  T  R  L  Y  R  S  G  S
K  D  T  K  M  C  I  H  J  S  V  N  G  E
Å  S  I  K  T  V  S  A  N  E  K  D  O  T
I  B  R  T  R  U  K  R  Y  T  M  M  W  U
```

ANALOGI	BERÄTTARE
ANALYS	ROMAN
ANEKDOT	ÅSIKT
FÖRFATTARE	DIKT
BIOGRAFI	POETISK
JÄMFÖRELSE	RIM
SLUTSATS	RYTM
BESKRIVNING	STIL
DIALOG	TEMA
METAFOR	TRAGEDI

96 - Geography

```
C E X S T A D B J X H B T O
V Y Z Ö I F L O D L Ö E E M
B R E D D G R A D N J R R R
S N P E R E F N V D G R Å
L Z U R H F K E T D T B I D
W C L F X H A V Ä R L D T E
D V R Z M C R Ä A A E E O H
N O R R C F T S E T D V R A
X M R M D R A T X L O M I L
K O N T I N E N T A W R U V
R J E R F O H Y B S H K M K
D A E X H Y N W G L V M T L
A C O E B B E J S S J J B O
M E R I D I A N U F R J N T
```

HÖJD

ATLAS

STAD

KONTINENT

LAND

EKVATOR

HALVKLOT

BREDDGRAD

KARTA

MERIDIAN

BERG

NORR

OMRÅDE

FLOD

HAV

SÖDER

TERRITORIUM

VÄST

VÄRLD

97 - Pets

```
N X M S N H K R A G E H S E
E P E I K V A T T E N T X X
J A D E O J N M Y F I S K C
T P C D G X I N S U Z A A Y
V E T E R I N Ä R T O J U M
X G P D R Z A C Y D E M M Z
X O J W N H U N D K N R U I
M J G O K K W L Ö O V G C E
T A E V S K Ö L D P A D D A
V P T A S S A R L P T K R L
Y E C L Z V E T A E U P W I
S G Z P E A K F T L H Z F A
K A T T U N G E E M U S U N
Y C H J K S O N K O W V Y G
```

KATT	ÖDLA
KRAGE	MUS
KO	PAPEGOJA
HUND	TASSAR
FISK	VALP
MAT	KANIN
GET	SVANS
HAMSTER	SKÖLDPADDA
KATTUNGE	VETERINÄR
KOPPEL	VATTEN

98 - Nature

```
E  R  O  S  I  O  N  K  L  I  P  P  O  R
S  G  V  K  N  O  A  F  L  O  D  C  Z  L
J  X  I  O  D  D  R  R  F  D  M  J  H  Ö
N  N  L  G  B  B  K  I  Y  F  J  A  P  V
G  X  D  W  L  I  T  S  V  R  D  U  Y  V
A  L  G  X  U  N  I  T  S  E  C  U  R  E
G  V  A  N  G  H  S  A  K  D  L  H  T  R
L  R  G  C  N  H  K  D  Ö  L  L  S  R  K
A  U  T  Ö  I  O  X  M  N  I  N  F  O  O
Z  T  L  K  R  Ä  S  O  H  G  C  T  P  F
P  F  E  E  U  A  R  L  E  Y  U  K  I  H
K  T  I  N  T  L  N  N  T  C  X  Y  S  X
A  M  A  D  O  V  M  D  I  M  M  A  K  V
D  Y  N  A  M  I  S  K  E  M  L  Z  V  I
```

DJUR	LÖVVERK
ARKTISK	SKOG
SKÖNHET	GLACIÄR
BIN	FREDLIG
KLIPPOR	FLOD
MOLN	FRISTAD
ÖKEN	LUGN
DYNAMISK	TROPISK
EROSION	AVGÖRANDE
DIMMA	VILD

99 - Championship

```
N  V  R  A  M  J  B  C  M  X  M  Y  S  S
T  M  U  T  L  Y  T  E  Y  E  Y  P  A  E
E  F  O  K  M  M  K  E  D  A  D  D  C  G
F  M  I  O  O  X  V  I  P  Ö  D  A  D  E
P  R  E  S  T  A  N  D  A  X  M  A  L  R
T  R  M  F  I  N  A  L  I  S  T  A  I  J
U  M  Ä  P  V  T  E  A  M  S  B  S  G  U
R  S  S  D  E  A  M  T  O  P  V  N  A  W
N  P  T  U  R  E  C  G  V  O  L  E  C  N
E  E  A  P  I  H  A  B  M  R  O  J  T  Z
R  L  R  D  N  S  T  R  A  T  E  G  I  T
I  N  E  O  G  T  R  Ä  N  A  R  E  I  V
N  U  T  H  Å  L  L  I  G  H  E  T  I  R
G  M  Ä  S  T  E  R  S  K  A  P  B  F  H
```

MÄSTARE	MOTIVERING
MÄSTERSKAP	PRESTANDA
TRÄNARE	SVETT
UTHÅLLIGHET	SPORT
FINALIST	STRATEGI
SPEL	TEAM
BEDÖMA	TURNERING
LIGA	SEGER
MEDALJ	

100 - Vacation #2

```
T R A N S P O R T B E R G C
A X G G K U U J G T Y E H D
X S E M E S T E R D W S O O
I H F G W X L L S P D A T D
K A R T A N Ä H Ä B W C E M
U V I P Y N P I N Z W L G
G U T C K A D Z A Y N H L Ö
R O I U M R S Y H N C I J Y
F N D E J V K S R S A I N O
F L Y G P L A T S T M T Y G
V I S U M F V S G R P Ä S W
N A I S D G D F Y A I L A Z
V W U Z P D S E P N N T F E
T Å G L L U Z V T D G C P Y
```

FLYGPLATS	KARTA
STRAND	BERG
CAMPING	PASS
UTLÄNDSK	HAV
UTLÄNNING	TAXI
SEMESTER	TÄLT
HOTELL	TÅG
RESA	TRANSPORT
FRITID	VISUM

1 - Food #1

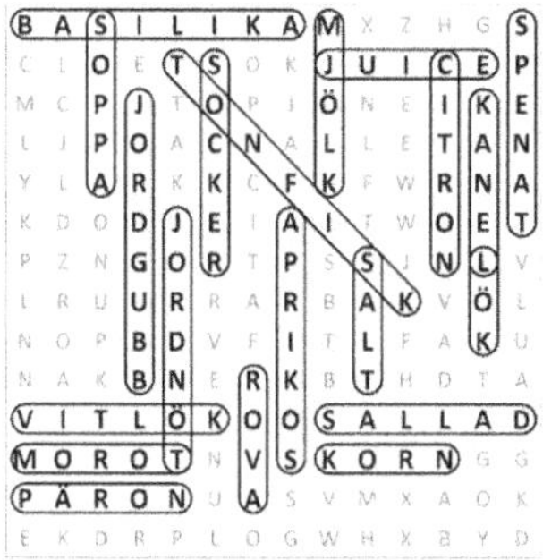

2 - Castles

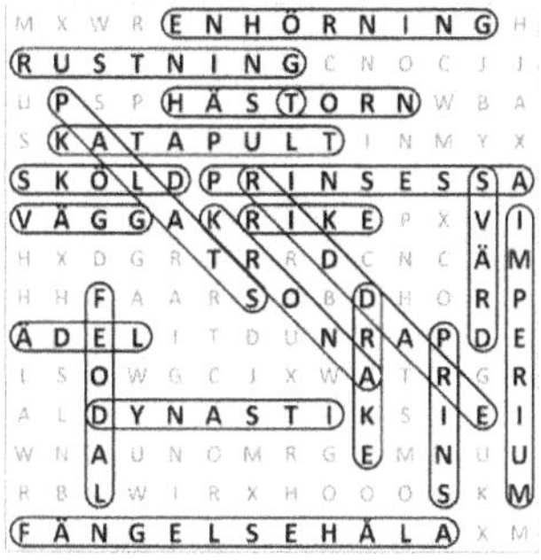

3 - Exploration

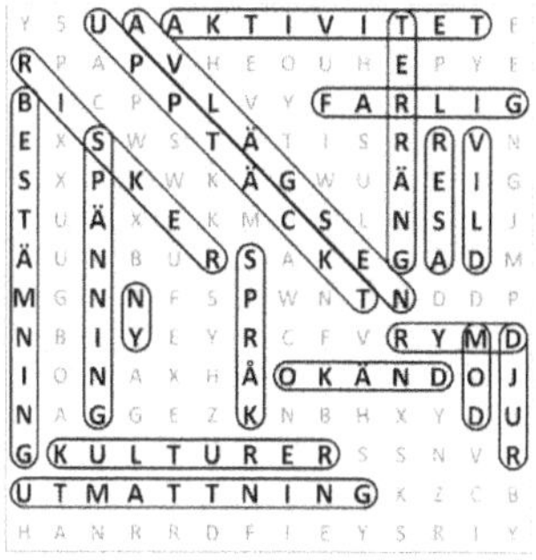

4 - Measurements

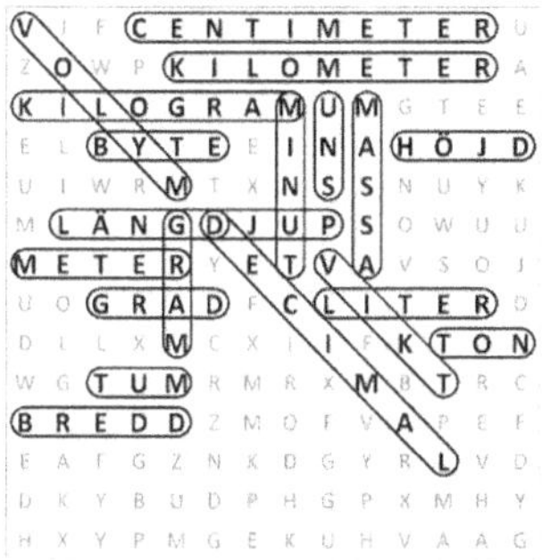

5 - Farm #2

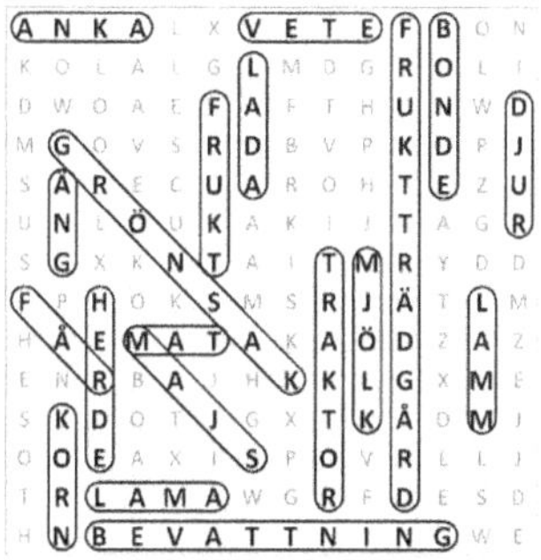

6 - Books

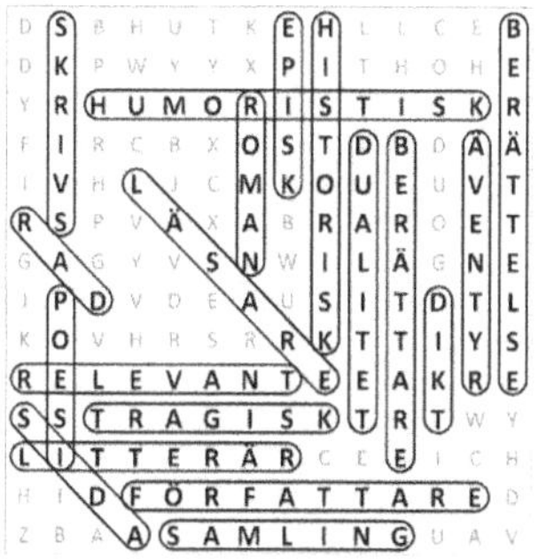

7 - Meditation

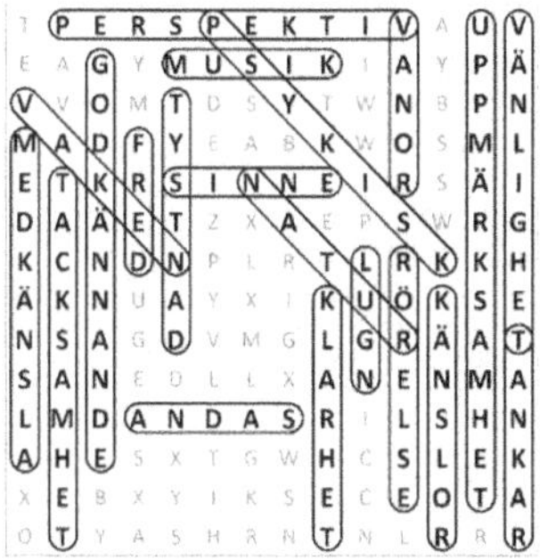

8 - Days and Months

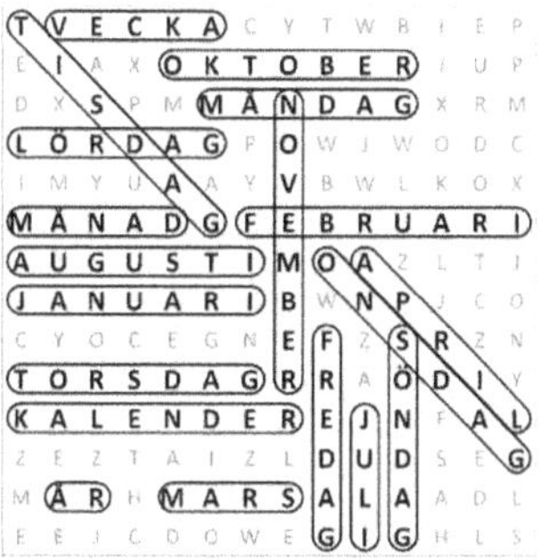

9 - Chess

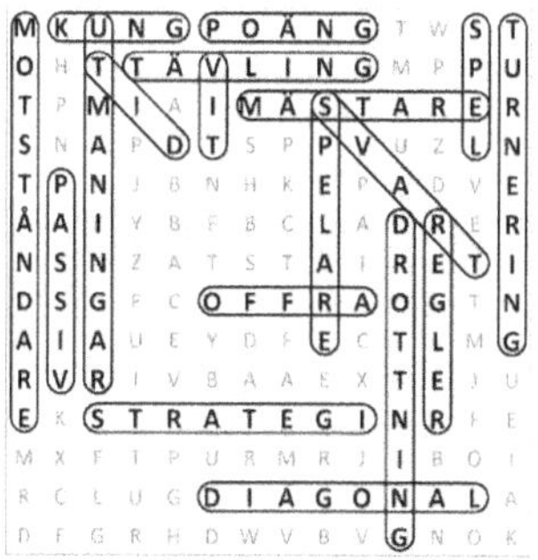

10 - Food #2

11 - Family

12 - Farm #1

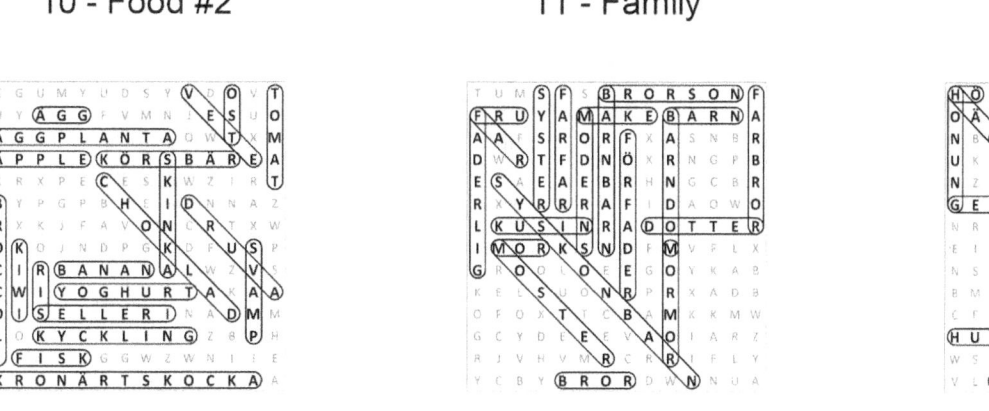

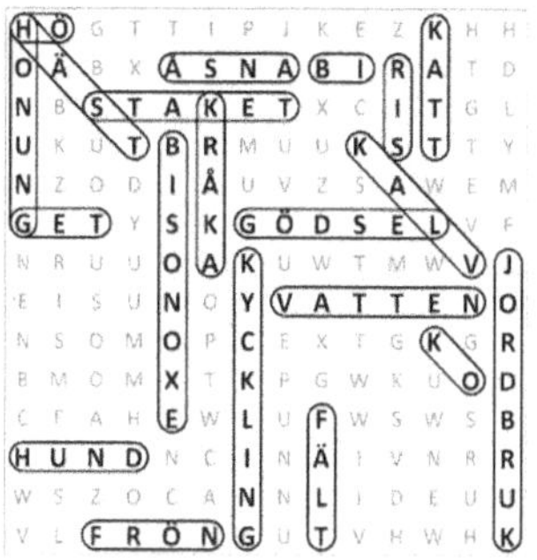

13 - Camping

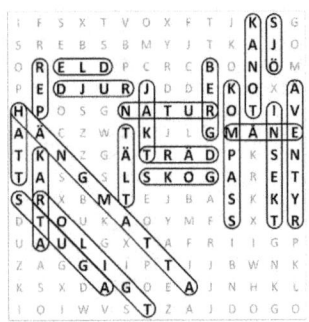

14 - Conservation

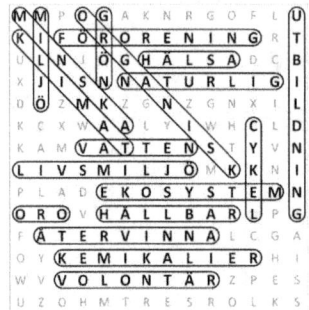

15 - Cats

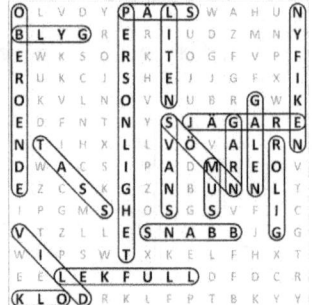

16 - Numbers

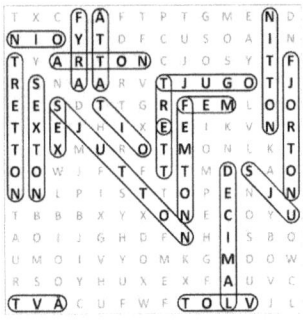

17 - Spices

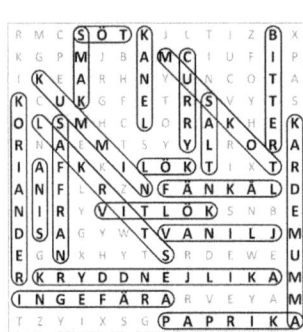

18 - Mammals

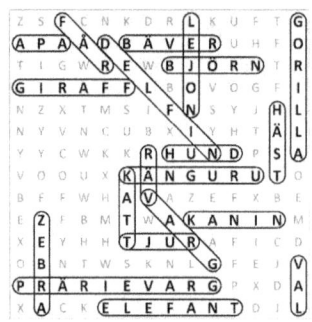

19 - Fishing

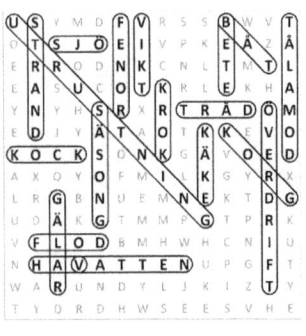

20 - Restaurant #1

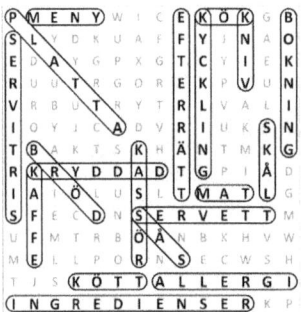

21 - Bees

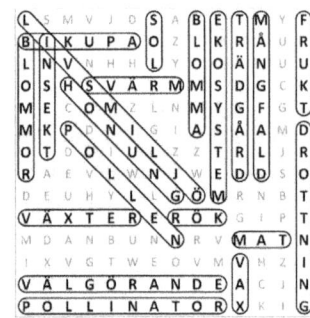

22 - Sports

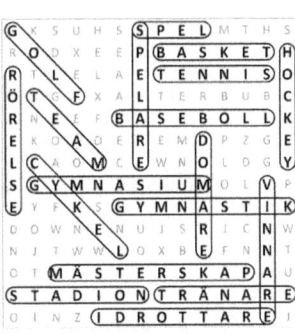

23 - Weather

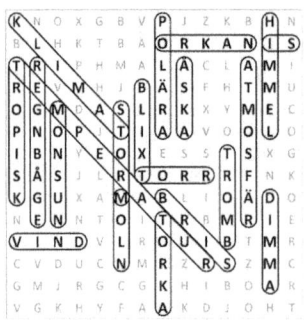

24 - Adventure

25 - Circus

26 - Restaurant #2

27 - Geology

28 - House

29 - Bathroom

30 - School #1

31 - Dance

32 - Colors

33 - Climbing

34 - Shapes

35 - Scientific Disciplines

36 - School #2

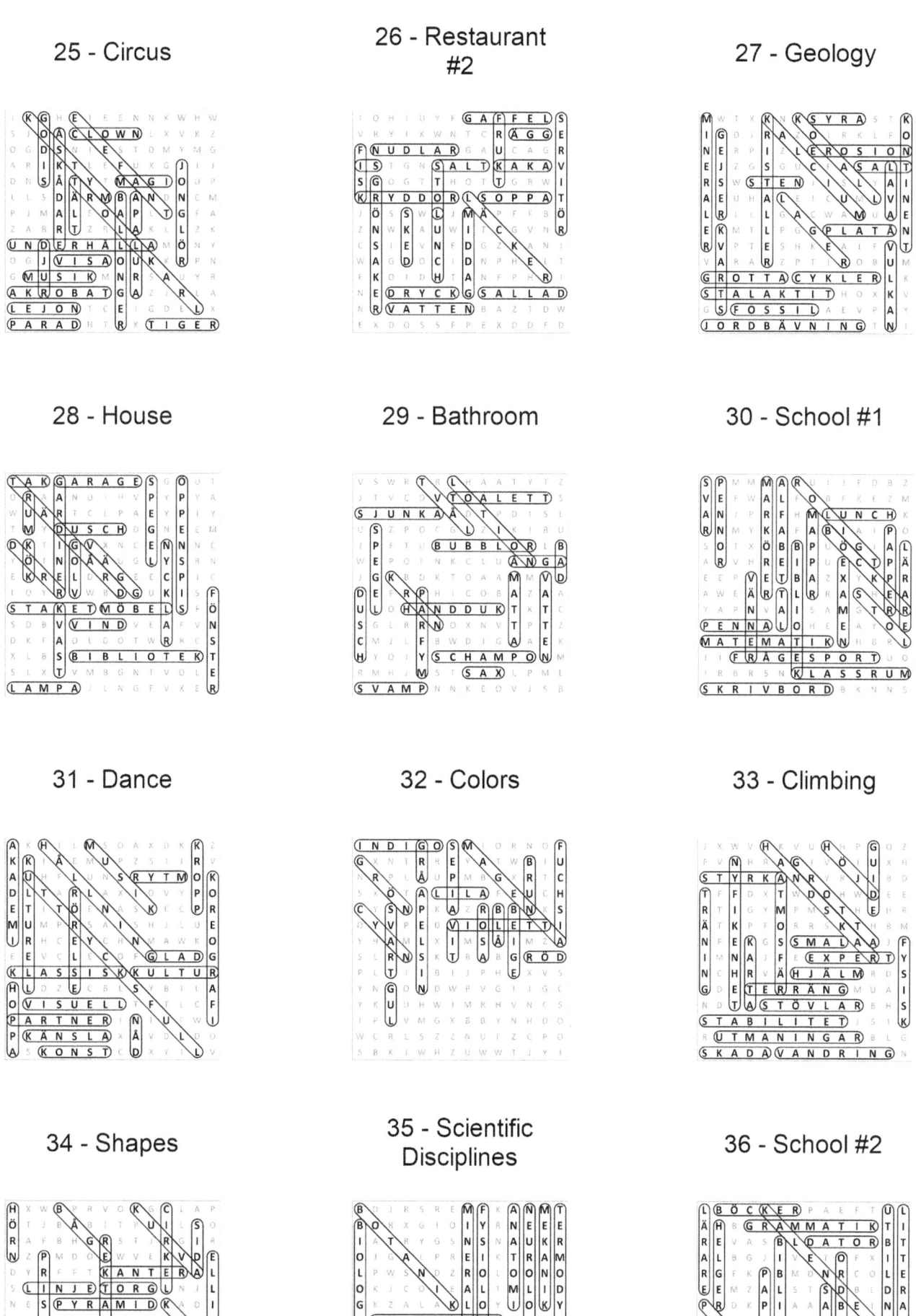

37 - Science

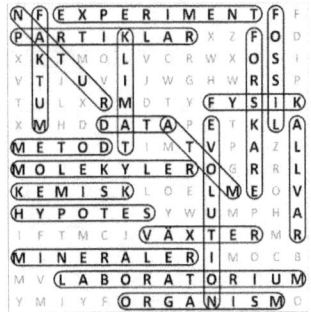

38 - Summer

39 - Clothes

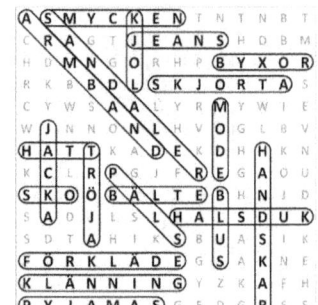

40 - Insects

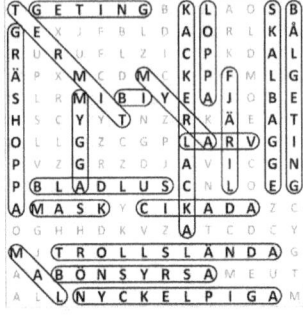

41 - Astronomy

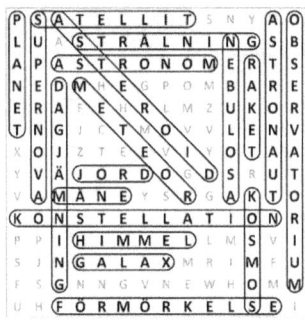

42 - Pirates

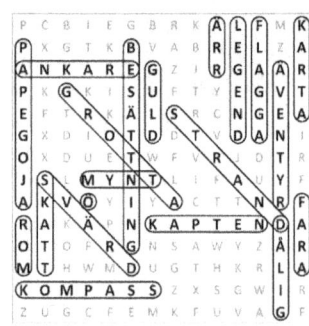

43 - Time

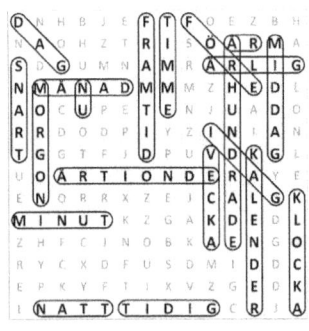

44 - Buildings

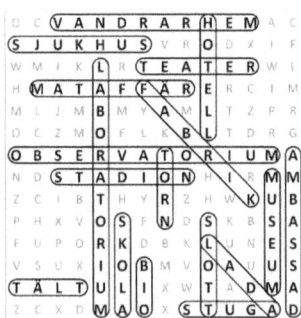

45 - Herbalism

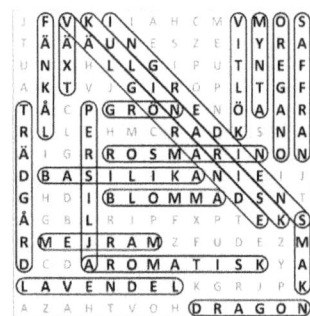

46 - Toys

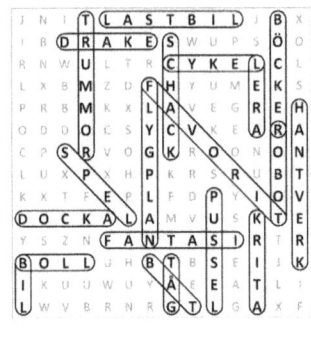

47 - Vehicles

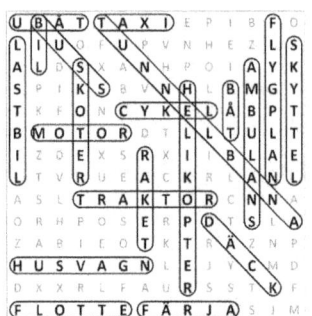

48 - Flowers

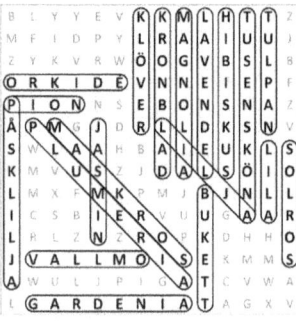

49 - Town

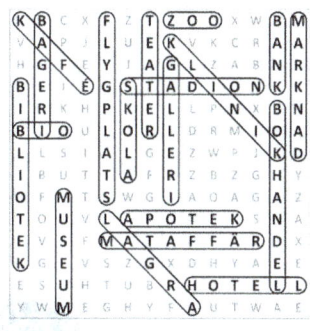

50 - Antarctica

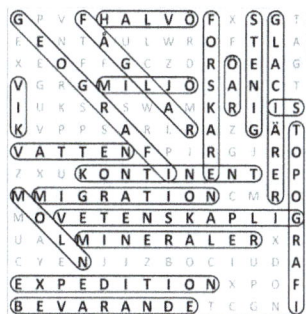

51 - Ballet

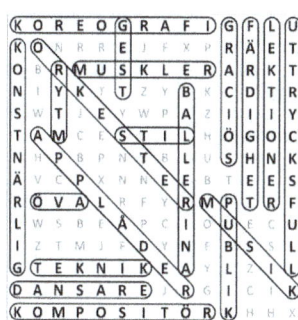

52 - Human Body

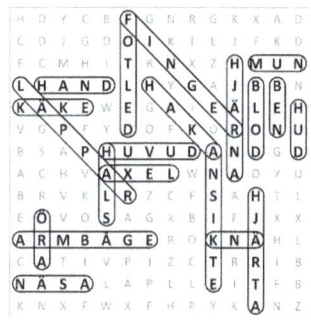

53 - Musical Instruments

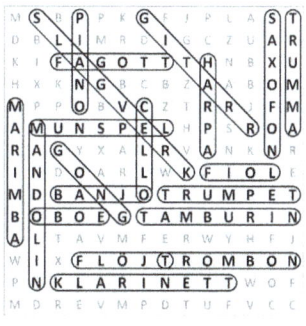

54 - Cooking Tools

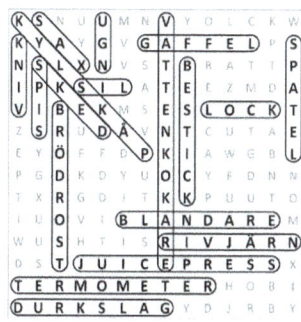

55 - Fruit

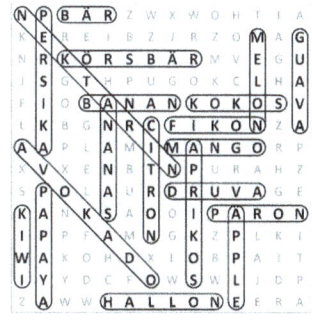

56 - Virtues #1

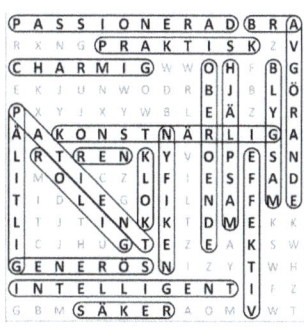

57 - Kitchen

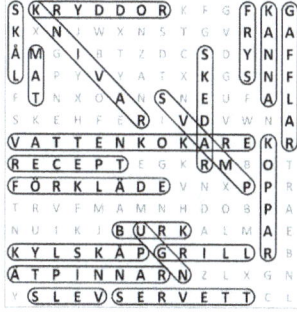

58 - Art Supplies

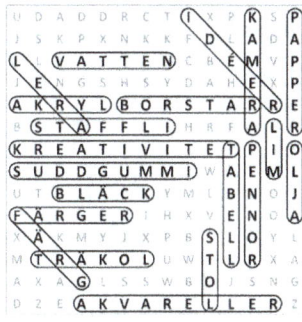

59 - Science Fiction

60 - Airplanes

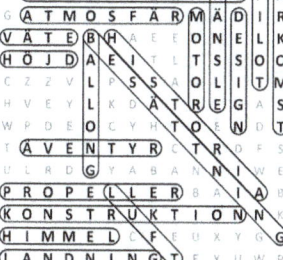

61 - Ocean

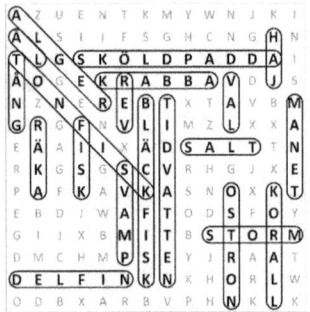

62 - Birds

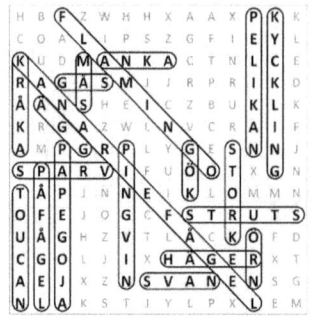

63 - Art

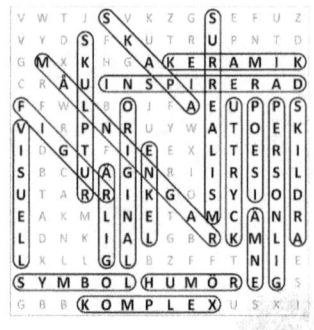

64 - Nutrition

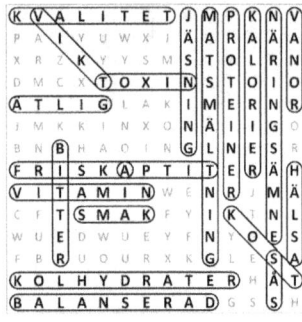

65 - Hiking

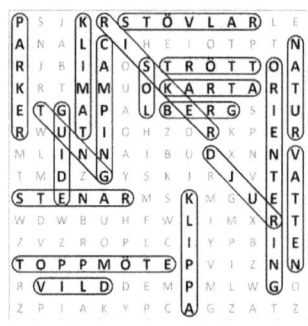

66 - Professions #1

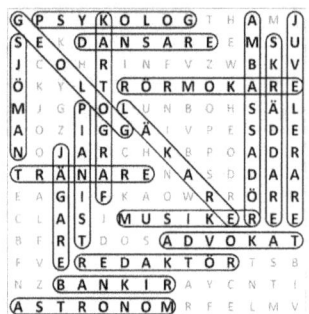

67 - Dinosaurs

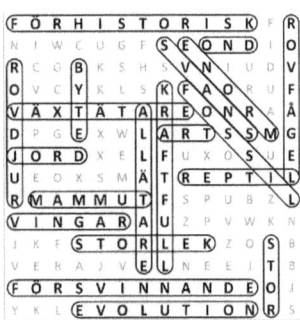

68 - Barbecues

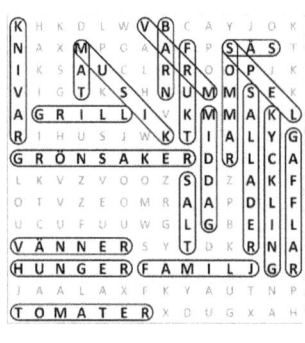

69 - Surfing

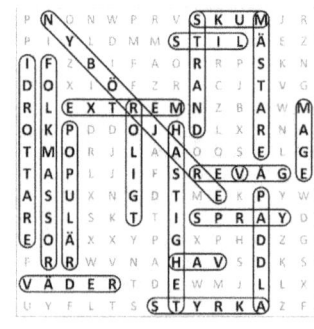

70 - Chocolate

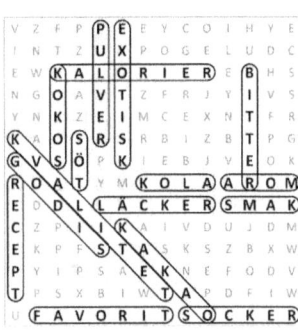

71 - Vegetables

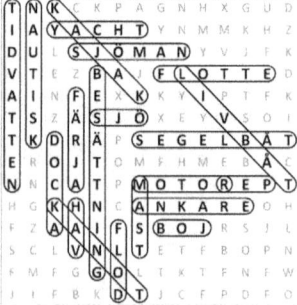

72 - Boats

73 - Activities and Leisure

TÄVLINGS · SAMKONST · BASKET · BOXNING · VOLLEYBOLL · TENNIS

74 - Driving

FOTGÄNGARE · KARTA · BIL · BROMSAR

75 - Professions #2

LÄRARE · PILOT · BONDE · KIRURG

76 - Emotions

KÄRLEK · NÖJD · FRED · SYMPATI · INNEHÅLL

77 - Mythology

ASKA · TRO · HÄMND · KATASTROF · GUDOM · BLIXT

78 - Hair Types

KORT · FLÄTAD · BLOND · TJOCK · FÄRGAD · SVART · BRUN · VIT · GRÅ · SKALLIG

79 - Furniture

SKRIVBORD · HYLLOR · GARDINER · BYRÅ · MADRASS · SOFFA · BOKHYLLA · HÄNGMATTA · SPEGEL

80 - Garden

TRÄD · TRÄFSA · BLOMMA · OGRÄS · VERANDA · VIN · FRUKTTRÄDGÅRD

81 - Birthday

UNG · BJUDNINGAR · KORT · KAKA · SÄRSKILD DAG

82 - Beach

HANDDUK · REV · BÅT · BLÅ · PARAPLY · SEMESTER · KUST

83 - Adjectives #1

AMBITIÖS · TUNG · ATTRAKTIVA · VIKTIG

84 - Rainforest

TILLFLYKT · VÄRDEFULL · DÄGGDJUR · ÖVERLEVNAD · ART · INHEMSK · BEVARANDE

85 - Technology

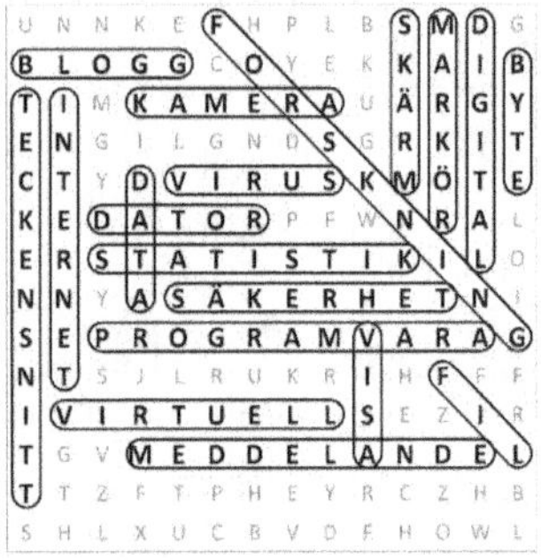

BLOGG, KAMERA, VIRUS, DATOR, STATISTIK, SÄKERHET, PROGRAMVARA, VIRTUELL, MEDDELANDE, TECKEN, INTERNET

86 - Landscapes

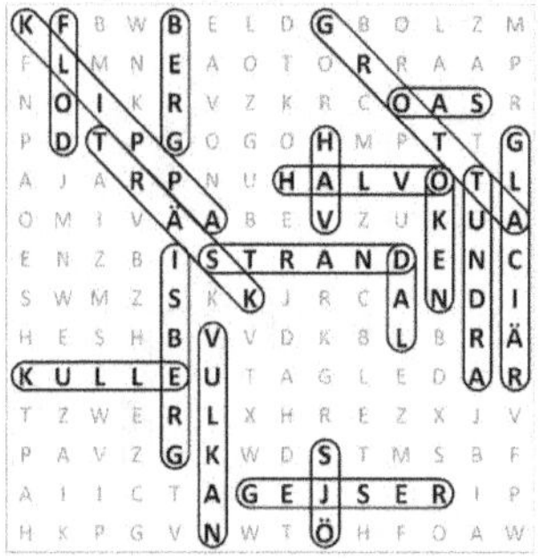

HALVÖ, STRAND, KULLE, GEJSER

87 - Visual Arts

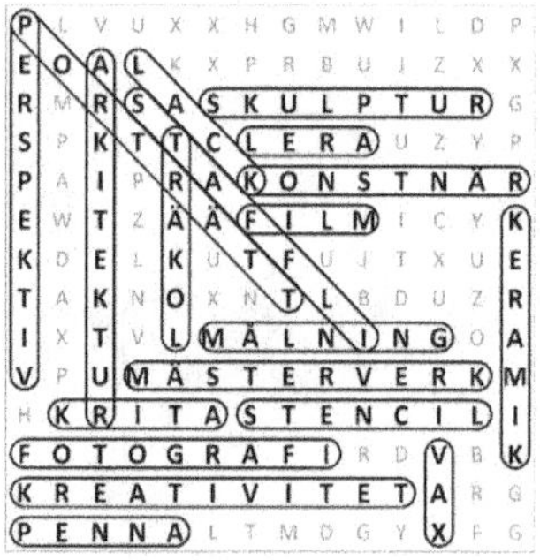

SKULPTUR, LERA, KONSTNÄR, FILM, MÅLNING, MÄSTERVERK, KRITA, STENCIL, FOTOGRAFI, KREATIVITET, PENNA, PERSPEKTIV, ARKITEKTUR

88 - Plants

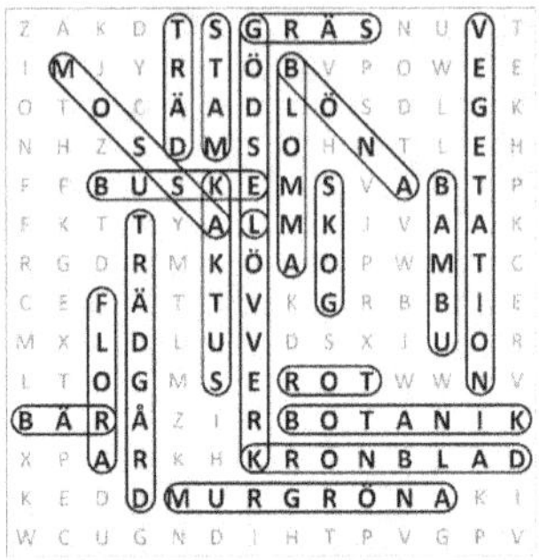

GRÄS, STÖB, ADLÖS, BUSKE, STAM, FÄT, ROT, BÄR, BOTANIK, KRONBLAD, MURGRÖNA

89 - Countries #2

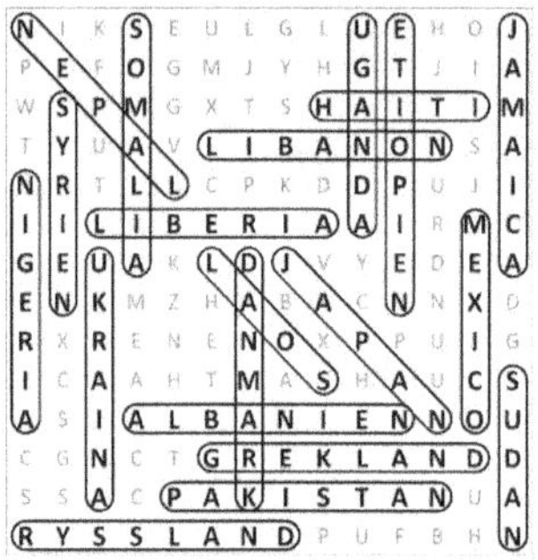

HAITI, LIBANON, LIBERIA, ALBANIEN, GREKLAND, PAKISTAN, RYSSLAND, SUDAN

90 - Ecology

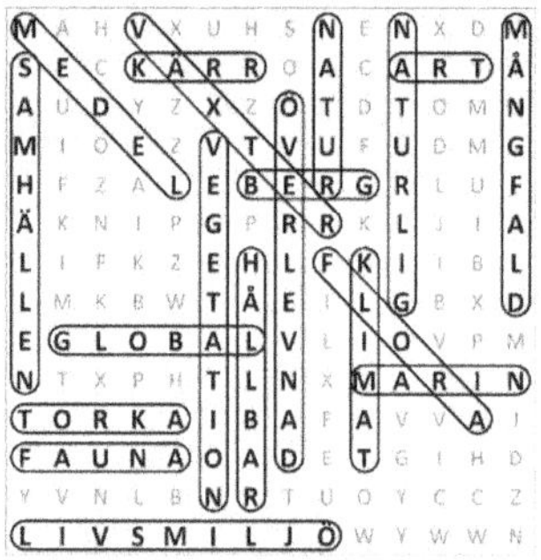

KARRO, ART, BERG, GLOBAL, MARIN, TORKA, FAUNA, LIVSMILJÖ, MÄNGFALD

91 - Adjectives #2

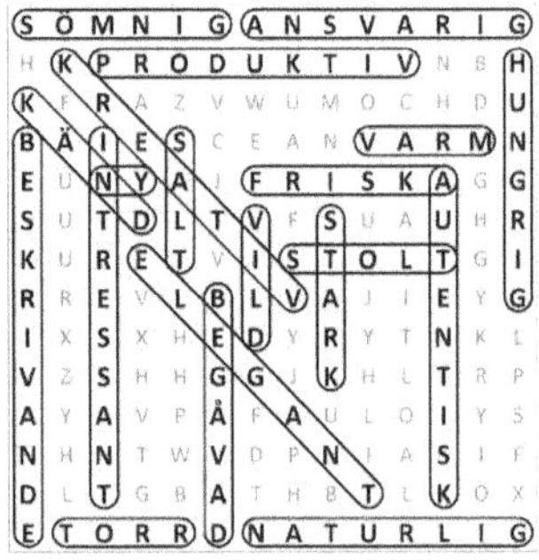

SÖMNIG, ANSVARIG, PRODUKTIV, VARM, FRISKA, STOLT, TORR, NATURLIG, BESKRIVANDE

92 - Math

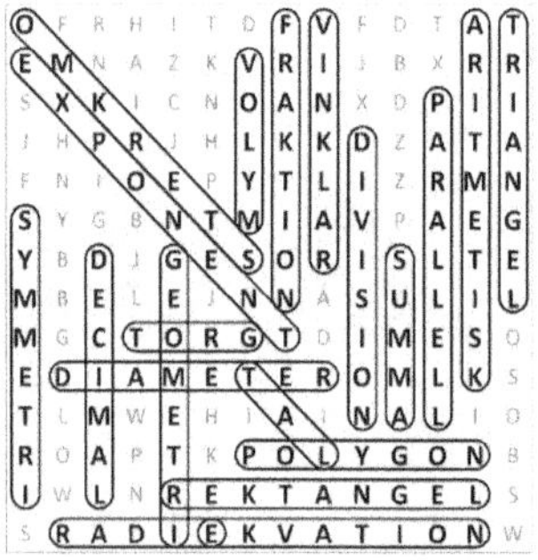

FRANK, TRIANGEL, PARALLELL, GISS, TORG, DIAMETER, POLYGON, REKTANGEL, RADIE, EKVATION

93 - Water

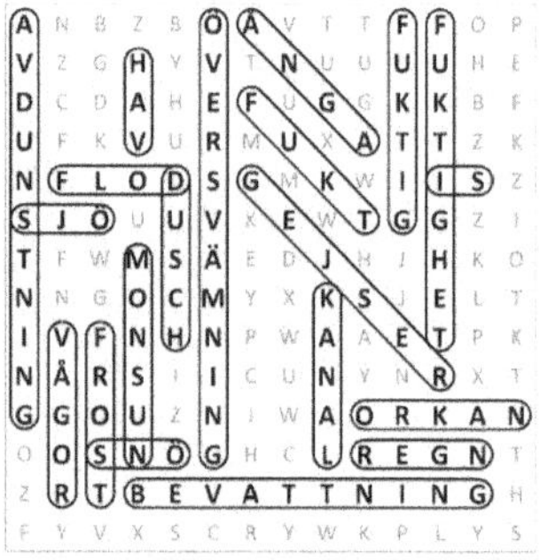

HAV, FLOD, SJÖ, OCEAN, ORKAN, SNÖ, REGN, BEVATTNING, AVDUNSTNING

94 - Activities

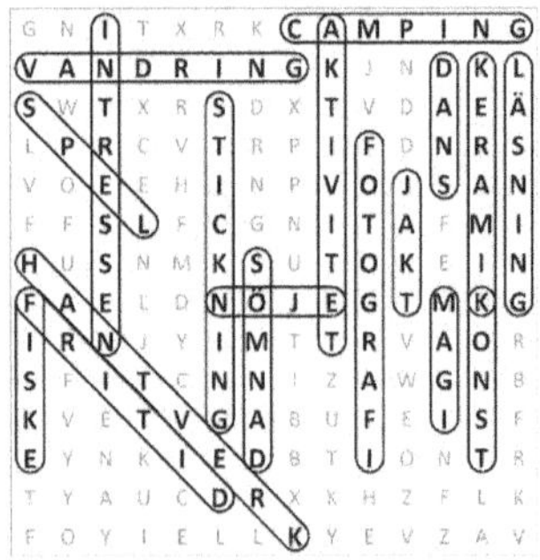

CAMPING, VANDRING, NÖJE, KERAMIN

95 - Literature

ANALOGI, FÖRFATTARE, DIALOG, STIL, ÅSIKT, ANEKDOT, RYTM

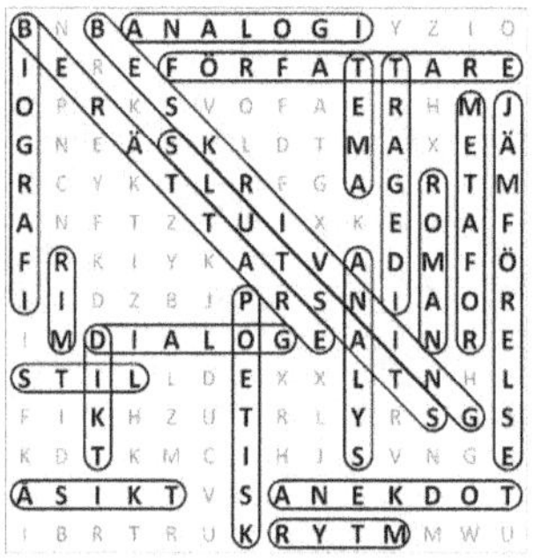

96 - Geography

STAD, FLOD, BREDDGRAD, HAVÄRLD, NORR, KONTINENT, MERIDIAN, TERRÄNG, HALV

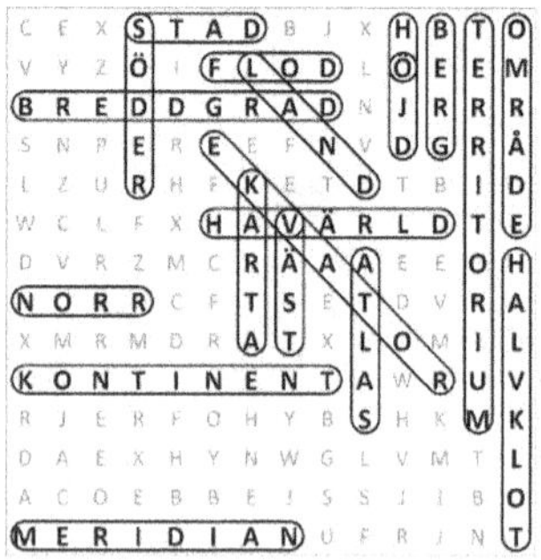

97 - Pets

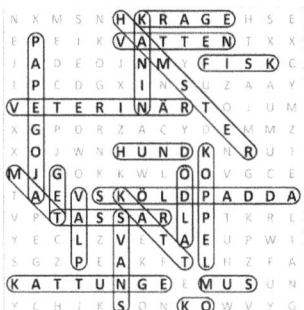

98 - Nature

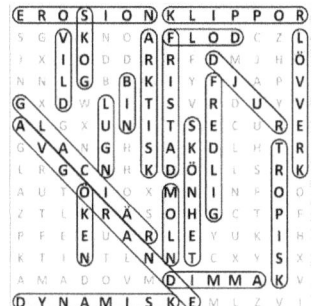

99 - Championship

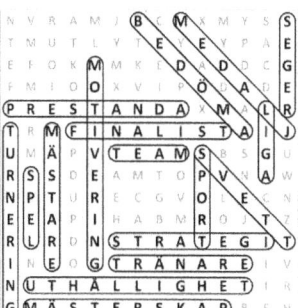

100 - Vacation #2

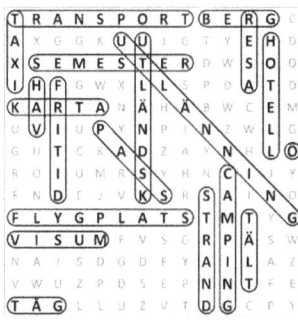

Dictionary

Activities
Aktiviteter

Activity	Aktivitet
Art	Konst
Camping	Camping
Ceramics	Keramik
Crafts	Hantverk
Dancing	Dans
Fishing	Fiske
Games	Spel
Hiking	Vandring
Hunting	Jakt
Interests	Intressen
Knitting	Stickning
Leisure	Fritid
Magic	Magi
Photography	Fotografi
Pleasure	Nöje
Reading	Läsning
Relaxation	Avkoppling
Sewing	Sömnad
Skill	Färdighet

Activities and Leisure
Aktiviteter och Fritid

Art	Konst
Baseball	Baseboll
Basketball	Basket
Boxing	Boxning
Camping	Camping
Diving	Dykning
Fishing	Fiske
Golf	Golf
Hiking	Vandring
Painting	Målning
Racing	Tävlings
Relaxing	Avkopplande
Shopping	Handla
Soccer	Fotboll
Surfing	Surfing
Swimming	Simning
Tennis	Tennis
Travel	Resa
Volleyball	Volleyboll

Adjectives #1
Adjektiv #1

Absolute	Absolut
Ambitious	Ambitiös
Aromatic	Aromatisk
Artistic	Konstnärlig
Attractive	Attraktiv
Beautiful	Skön
Dark	Mörk
Exotic	Exotisk
Generous	Generös
Happy	Lycklig
Heavy	Tung
Helpful	Hjälpsam
Honest	Ärlig
Identical	Identisk
Important	Viktig
Modern	Modern
Serious	Allvarlig
Slow	Långsam
Thin	Tunn
Valuable	Värdefull

Adjectives #2
Adjektiv #2

Authentic	Autentisk
Creative	Kreativ
Descriptive	Beskrivande
Dry	Torr
Elegant	Elegant
Famous	Känd
Gifted	Begåvad
Healthy	Friska
Hot	Varm
Hungry	Hungrig
Interesting	Intressant
Natural	Naturlig
New	Ny
Productive	Produktiv
Proud	Stolt
Responsible	Ansvarig
Salty	Salt
Sleepy	Sömnig
Strong	Stark
Wild	Vild

Adventure
Äventyr

Activity	Aktivitet
Beauty	Skönhet
Bravery	Mod
Challenges	Utmaningar
Chance	Chans
Dangerous	Farlig
Destination	Destination
Difficulty	Svårighet
Enthusiasm	Entusiasm
Excursion	Utflykt
Friends	Vänner
Itinerary	Resväg
Joy	Glädje
Nature	Natur
Navigation	Navigering
New	Ny
Opportunity	Möjlighet
Preparation	Förberedelse
Safety	Säkerhet
Unusual	Ovanlig

Airplanes
Flygplan

Adventure	Äventyr
Air	Luft
Atmosphere	Atmosfär
Balloon	Ballong
Construction	Konstruktion
Crew	Besättning
Descent	Härkomst
Design	Design
Direction	Riktning
Engine	Motor
Fuel	Bränsle
Height	Höjd
History	Historia
Hydrogen	Väte
Landing	Landning
Passenger	Passagerare
Pilot	Pilot
Propellers	Propeller
Sky	Himmel
Turbulence	Turbulens

Antarctica
Antarktis

Bay	Vik
Birds	Fåglar
Clouds	Moln
Conservation	Bevarande
Continent	Kontinent
Environment	Miljö
Expedition	Expedition
Geography	Geografi
Glaciers	Glaciärer
Ice	Is
Islands	Öar
Migration	Migration
Minerals	Mineraler
Peninsula	Halvö
Researcher	Forskare
Rocky	Stenig
Scientific	Vetenskaplig
Temperature	Temperatur
Topography	Topografi
Water	Vatten

Art
Konst

Ceramic	Keramik
Complex	Komplex
Create	Skapa
Expression	Uttryck
Figure	Figur
Honest	Ärlig
Inspired	Inspirerad
Mood	Humör
Original	Original
Paintings	Målningar
Personal	Personlig
Poetry	Poesi
Portray	Skildra
Sculpture	Skulptur
Simple	Enkel
Subject	Ämne
Surrealism	Surrealism
Symbol	Symbol
Visual	Visuell

Art Supplies
Konstmaterial

Acrylic	Akryl
Brushes	Borstar
Camera	Kamera
Chair	Stol
Charcoal	Träkol
Clay	Lera
Colors	Färger
Creativity	Kreativitet
Easel	Staffli
Eraser	Suddgummi
Glue	Lim
Ideas	Idéer
Ink	Bläck
Oil	Olja
Paints	Färg
Paper	Papper
Pencils	Pennor
Table	Tabell
Water	Vatten
Watercolors	Akvareller

Astronomy
Astronomi

Asteroid	Asteroid
Astronaut	Astronaut
Astronomer	Astronom
Constellation	Konstellation
Cosmos	Kosmos
Earth	Jord
Eclipse	Förmörkelse
Equinox	Dagjämning
Galaxy	Galax
Meteor	Meteor
Moon	Måne
Nebula	Nebulosa
Observatory	Observatorium
Planet	Planet
Radiation	Strålning
Rocket	Raket
Satellite	Satellit
Sky	Himmel
Supernova	Supernova
Zodiac	Djurkretsen

Ballet
Balett

Applause	Applåder
Artistic	Konstnärlig
Audience	Publik
Ballerina	Ballerina
Choreography	Koreografi
Composer	Kompositör
Dancers	Dansare
Expressive	Uttrycksfull
Gesture	Gest
Graceful	Graciös
Intensity	Intensitet
Lessons	Lektioner
Muscles	Muskler
Music	Musik
Orchestra	Orkester
Practice	Öva
Rhythm	Rytm
Skill	Färdighet
Style	Stil
Technique	Teknik

Barbecues
Grillar

Chicken	Kyckling
Children	Barn
Dinner	Middag
Family	Familj
Food	Mat
Forks	Gafflar
Friends	Vänner
Fruit	Frukt
Games	Spel
Grill	Grill
Hot	Varm
Hunger	Hunger
Knives	Knivar
Music	Musik
Salads	Sallader
Salt	Salt
Sauce	Sås
Summer	Sommar
Tomatoes	Tomater
Vegetables	Grönsaker

Bathroom
Badrum

Bath	Bad
Bubbles	Bubblor
Faucet	Kran
Lotion	Lotion
Mirror	Spegel
Perfume	Parfym
Rug	Matta
Scissors	Sax
Shampoo	Schampo
Shower	Dusch
Sink	Sjunka
Soap	Tvål
Sponge	Svamp
Steam	Ånga
Toilet	Toalett
Towel	Handduk
Water	Vatten

Beach
Strand

Blue	Blå
Boat	Båt
Coast	Kust
Crab	Krabba
Dock	Docka
Island	Ö
Lagoon	Lagun
Reef	Rev
Sailboat	Segelbåt
Sand	Sand
Sandals	Sandaler
Sea	Hav
Shells	Skal
Sun	Sol
Towel	Handduk
Umbrella	Paraply
Vacation	Semester

Bees
Bin

Beneficial	Välgörande
Blossom	Blomma
Diversity	Mångfald
Ecosystem	Ekosystem
Flowers	Blommor
Food	Mat
Fruit	Frukt
Garden	Trädgård
Habitat	Livsmiljö
Hive	Bikupa
Honey	Honung
Insect	Insekt
Plants	Växter
Pollen	Pollen
Pollinator	Pollinator
Queen	Drottning
Smoke	Rök
Sun	Sol
Swarm	Svärm
Wax	Vax

Birds
Fåglar

Canary	Kanariefågel
Chicken	Kyckling
Crow	Kråka
Cuckoo	Gök
Duck	Anka
Eagle	Örn
Egg	Ägg
Flamingo	Flamingo
Goose	Gås
Gull	Mås
Heron	Häger
Ostrich	Struts
Parrot	Papegoja
Peacock	Påfågel
Pelican	Pelikan
Penguin	Pingvin
Sparrow	Sparv
Stork	Stork
Swan	Svan
Toucan	Toucan

Birthday
Födelsedag

Born	Född
Cake	Kaka
Calendar	Kalender
Candles	Ljus
Cards	Kort
Celebration	Firande
Day	Dag
Friends	Vänner
Fun	Roligt
Gift	Gåva
Great	Bra
Happy	Lycklig
Invitations	Inbjudningar
Joyful	Glad
Song	Låt
Special	Särskild
Time	Tid
Wisdom	Visdom
Year	År
Young	Ung

Boats
Båtar

Anchor	Ankare
Buoy	Boj
Canoe	Kanot
Crew	Besättning
Dock	Docka
Engine	Motor
Ferry	Färja
Kayak	Kajak
Lake	Sjö
Lifeboat	Livbåt
Mast	Mast
Nautical	Nautisk
Raft	Flotte
River	Flod
Rope	Rep
Sailboat	Segelbåt
Sailor	Sjöman
Sea	Hav
Tide	Tidvatten
Yacht	Yacht

Books
Böcker

Adventure	Äventyr
Author	Författare
Collection	Samling
Context	Sammanhang
Duality	Dualitet
Epic	Episk
Historical	Historisk
Humorous	Humoristisk
Literary	Litterär
Narrator	Berättare
Novel	Roman
Page	Sida
Poem	Dikt
Poetry	Poesi
Reader	Läsare
Relevant	Relevant
Series	Rad
Story	Berättelse
Tragic	Tragisk
Written	Skrivs

Buildings
Byggnader

Apartment	Lägenhet
Barn	Lada
Cabin	Stuga
Castle	Slott
Cinema	Bio
Embassy	Ambassad
Factory	Fabrik
Hospital	Sjukhus
Hostel	Vandrarhem
Hotel	Hotell
Laboratory	Laboratorium
Museum	Museum
Observatory	Observatorium
School	Skola
Stadium	Stadion
Supermarket	Mataffär
Tent	Tält
Theater	Teater
Tower	Torn
University	Universitet

Camping
Camping

Adventure	Äventyr
Animals	Djur
Cabin	Stuga
Canoe	Kanot
Compass	Kompass
Fire	Eld
Forest	Skog
Fun	Roligt
Hammock	Hängmatta
Hat	Hatt
Hunting	Jakt
Insect	Insekt
Lake	Sjö
Map	Karta
Moon	Måne
Mountain	Berg
Nature	Natur
Rope	Rep
Tent	Tält
Trees	Träd

Castles
Slott

Armor	Rustning
Catapult	Katapult
Crown	Krona
Dragon	Drake
Dungeon	Fängelsehåla
Dynasty	Dynasti
Empire	Imperium
Feudal	Feodal
Horse	Häst
Kingdom	Rike
Knight	Riddare
Noble	Ädel
Palace	Palats
Prince	Prins
Princess	Prinsessa
Shield	Sköld
Sword	Svärd
Tower	Torn
Unicorn	Enhörning
Wall	Vägg

Cats
Katter

Claw	Klo
Crazy	Galen
Curious	Nyfiken
Fast	Snabb
Funny	Rolig
Fur	Päls
Hunter	Jägare
Independent	Oberoende
Little	Liten
Mouse	Mus
Paw	Tass
Personality	Personlighet
Playful	Lekfull
Shy	Blyg
Sleep	Sömn
Tail	Svans
Wild	Vild
Yarn	Garn

Championship
Mästerskap

Champion	Mästare
Championship	Mästerskap
Coach	Tränare
Endurance	Uthållighet
Finalist	Finalist
Games	Spel
Judge	Bedöma
League	Liga
Medal	Medalj
Motivation	Motivering
Performance	Prestanda
Perspiration	Svett
Sports	Sport
Strategy	Strategi
Team	Team
Tournament	Turnering
Victory	Seger

Chess
Schack

Black	Svart
Challenges	Utmaningar
Champion	Mästare
Contest	Tävling
Diagonal	Diagonal
Game	Spel
King	Kung
Opponent	Motståndare
Passive	Passiv
Player	Spelare
Points	Poäng
Queen	Drottning
Rules	Regler
Sacrifice	Offra
Strategy	Strategi
Time	Tid
Tournament	Turnering
White	Vit

Chocolate
Choklad

Antioxidant	Antioxidant
Aroma	Arom
Bitter	Bitter
Cacao	Kakao
Calories	Kalorier
Candy	Godis
Caramel	Kola
Coconut	Kokos
Delicious	Läcker
Exotic	Exotisk
Favorite	Favorit
Ingredient	Ingrediens
Peanuts	Jordnötter
Powder	Pulver
Quality	Kvalitet
Recipe	Recept
Sugar	Socker
Sweet	Söt
Taste	Smak

Circus
Cirkus

Acrobat	Akrobat
Animals	Djur
Balloons	Ballonger
Candy	Godis
Clown	Clown
Costume	Kostym
Elephant	Elefant
Entertain	Underhålla
Juggler	Jonglör
Lion	Lejon
Magic	Magi
Magician	Trollkarl
Monkey	Apa
Music	Musik
Parade	Parad
Show	Visa
Spectator	Åskådare
Tent	Tält
Tiger	Tiger
Trick	Lura

Climbing
Klättring

Altitude	Höjd
Atmosphere	Atmosfär
Boots	Stövlar
Cave	Grotta
Challenges	Utmaningar
Curiosity	Nyfikenhet
Expert	Expert
Gloves	Handskar
Guides	Guide
Helmet	Hjälm
Hiking	Vandring
Injury	Skada
Map	Karta
Narrow	Smal
Physical	Fysisk
Stability	Stabilitet
Strength	Styrka
Terrain	Terräng
Training	Träning

Clothes
Kläder

Apron	Förkläde
Belt	Bälte
Blouse	Blus
Bracelet	Armband
Coat	Päls
Dress	Klänning
Fashion	Mode
Gloves	Handskar
Hat	Hatt
Jacket	Jacka
Jeans	Jeans
Jewelry	Smycken
Pajamas	Pyjamas
Pants	Byxor
Sandals	Sandaler
Scarf	Halsduk
Shirt	Skjorta
Shoe	Sko
Skirt	Kjol
Sweater	Tröja

Colors
Färger

Beige	Beige
Black	Svart
Blue	Blå
Brown	Brun
Cyan	Cyan
Fuchsia	Fuchsia
Green	Grön
Grey	Grå
Indigo	Indigo
Magenta	Magenta
Orange	Apelsin
Pink	Rosa
Purple	Lila
Red	Röd
Sepia	Sepia
Violet	Violett
White	Vit
Yellow	Gul

Conservation
Bevarande

Chemicals	Kemikalier
Climate	Klimat
Concern	Oro
Cycle	Cykel
Ecosystem	Ekosystem
Education	Utbildning
Environmental	Miljö
Green	Grön
Habitat	Livsmiljö
Health	Hälsa
Natural	Naturlig
Organic	Organisk
Pollution	Förorening
Recycle	Återvinna
Reduce	Minska
Sustainable	Hållbar
Volunteer	Volontär
Water	Vatten

Cooking Tools
Matlagningsverktyg

Blender	Blandare
Colander	Durkslag
Cutlery	Bestick
Fork	Gaffel
Grater	Rivjärn
Juicer	Juicepress
Kettle	Vattenkokare
Knife	Kniv
Lid	Lock
Oven	Ugn
Refrigerator	Kylskåp
Scissors	Sax
Spatula	Spatel
Spoon	Sked
Stove	Spis
Strainer	Sil
Thermometer	Termometer
Toaster	Brödrost

Countries #2
Länder #2

Albania	Albanien
Denmark	Danmark
Ethiopia	Etiopien
Greece	Grekland
Haiti	Haiti
Jamaica	Jamaica
Japan	Japan
Laos	Laos
Lebanon	Libanon
Liberia	Liberia
Mexico	Mexico
Nepal	Nepal
Nigeria	Nigeria
Pakistan	Pakistan
Russia	Ryssland
Somalia	Somalia
Sudan	Sudan
Syria	Syrien
Uganda	Uganda
Ukraine	Ukraina

Dance
Dansa

Academy	Akademi
Art	Konst
Body	Kropp
Choreography	Koreografi
Classical	Klassisk
Cultural	Kulturell
Culture	Kultur
Emotion	Känsla
Expressive	Uttrycksfull
Grace	Nåd
Joyful	Glad
Jump	Hoppa
Movement	Rörelse
Music	Musik
Partner	Partner
Posture	Hållning
Rehearsal	Repetition
Rhythm	Rytm
Traditional	Traditionell
Visual	Visuell

Days and Months
Dagar och Månader

April	April
August	Augusti
Calendar	Kalender
February	Februari
Friday	Fredag
January	Januari
July	Juli
March	Mars
Monday	Måndag
Month	Månad
November	November
October	Oktober
Saturday	Lördag
September	September
Sunday	Söndag
Thursday	Torsdag
Tuesday	Tisdag
Wednesday	Onsdag
Week	Vecka
Year	År

Dinosaurs
Dinosaurier

Carnivore	Rovdjur
Disappearance	Försvinnande
Earth	Jord
Enormous	Enorm
Evolution	Evolution
Fossils	Fossil
Herbivore	Växtätare
Large	Stor
Mammoth	Mammut
Omnivore	Allätare
Powerful	Kraftfull
Prehistoric	Förhistorisk
Prey	Byte
Raptor	Rovfågel
Reptile	Reptil
Size	Storlek
Species	Art
Tail	Svans
Vicious	Ond
Wings	Vingar

Driving
Körning

Accident	Olycka
Brakes	Bromsar
Car	Bil
Danger	Fara
Driver	Förare
Fuel	Bränsle
Garage	Garage
Gas	Gas
License	Licens
Map	Karta
Motor	Motor
Motorcycle	Motorcykel
Pedestrian	Fotgängare
Police	Polis
Road	Väg
Safety	Säkerhet
Speed	Hastighet
Traffic	Trafik
Truck	Lastbil
Tunnel	Tunnel

Ecology
Ekologi

Climate	Klimat
Communities	Samhällen
Diversity	Mångfald
Drought	Torka
Fauna	Fauna
Flora	Flora
Global	Global
Habitat	Livsmiljö
Marine	Marin
Marsh	Kärr
Mountains	Berg
Natural	Naturlig
Nature	Natur
Plants	Växter
Resources	Medel
Species	Art
Survival	Överlevnad
Sustainable	Hållbar
Vegetation	Vegetation
Volunteers	Frivilliga

Emotions
Känslor

Anger	Ilska
Bliss	Salighet
Boredom	Leda
Content	Innehåll
Embarrassed	Generad
Excited	Upphetsad
Fear	Rädsla
Grateful	Tacksam
Joy	Glädje
Kindness	Vänlighet
Love	Kärlek
Peace	Fred
Relaxed	Avslappnad
Relief	Lättnad
Sadness	Sorg
Satisfied	Nöjd
Surprise	Överraskning
Sympathy	Sympati
Tenderness	Ömhet
Tranquility	Lugn

Exploration
Prospektering

Activity	Aktivitet
Animals	Djur
Courage	Mod
Cultures	Kulturer
Determination	Bestämning
Discovery	Upptäckt
Distant	Avlägsen
Excitement	Spänning
Exhaustion	Utmattning
Hazards	Risker
Language	Språk
New	Ny
Perilous	Farlig
Space	Rymd
Terrain	Terräng
Travel	Resa
Unknown	Okänd
Wild	Vild

Family
Familj

Ancestor	Förfader
Aunt	Moster
Brother	Bror
Child	Barn
Childhood	Barndom
Cousin	Kusin
Daughter	Dotter
Father	Far
Grandchild	Barnbarn
Grandfather	Farfar
Grandmother	Mormor
Husband	Make
Maternal	Moderns
Mother	Mor
Nephew	Brorson
Niece	Syskonbarn
Paternal	Faderlig
Sister	Syster
Uncle	Farbror
Wife	Fru

Farm #1
Gård #1

Agriculture	Jordbruk
Bee	Bi
Bison	Bisonoxe
Calf	Kalv
Cat	Katt
Chicken	Kyckling
Cow	Ko
Crow	Kråka
Dog	Hund
Donkey	Åsna
Fence	Staket
Fertilizer	Gödsel
Field	Fält
Goat	Get
Hay	Hö
Honey	Honung
Horse	Häst
Rice	Ris
Seeds	Frön
Water	Vatten

Farm #2
Gård #2

Animals	Djur
Barley	Korn
Barn	Lada
Corn	Majs
Duck	Anka
Farmer	Bonde
Food	Mat
Fruit	Frukt
Irrigation	Bevattning
Lamb	Lamm
Llama	Lama
Meadow	Äng
Milk	Mjölk
Orchard	Fruktträdgård
Sheep	Får
Shepherd	Herde
Tractor	Traktor
Vegetable	Grönsak
Wheat	Vete
Windmill	Väderkvarn

Fishing
Fiske

Bait	Bete
Basket	Korg
Beach	Strand
Boat	Båt
Cook	Kock
Equipment	Utrustning
Exaggeration	Överdrift
Fins	Fenor
Gills	Gälar
Hook	Krok
Jaw	Käke
Lake	Sjö
Ocean	Hav
Patience	Tålamod
River	Flod
Season	Säsong
Water	Vatten
Weight	Vikt
Wire	Tråd

Flowers
Blommor

Bouquet	Bukett
Calendula	Ringblomma
Clover	Klöver
Daffodil	Påsklilja
Daisy	Tusensköna
Dandelion	Maskros
Gardenia	Gardenia
Hibiscus	Hibiskus
Jasmine	Jasmin
Lavender	Lavendel
Lilac	Lila
Lily	Lilja
Magnolia	Magnolia
Orchid	Orkidé
Peony	Pion
Petal	Kronblad
Plumeria	Plumeria
Poppy	Vallmo
Sunflower	Solros
Tulip	Tulpan

Food #1
Mat #1

Apricot	Aprikos
Barley	Korn
Basil	Basilika
Carrot	Morot
Cinnamon	Kanel
Garlic	Vitlök
Juice	Juice
Lemon	Citron
Milk	Mjölk
Onion	Lök
Peanut	Jordnöt
Pear	Päron
Salad	Sallad
Salt	Salt
Soup	Soppa
Spinach	Spenat
Strawberry	Jordgubb
Sugar	Socker
Tuna	Tonfisk
Turnip	Rova

Food #2
Mat #2

Apple	Äpple
Artichoke	Kronärtskocka
Banana	Banan
Broccoli	Broccoli
Celery	Selleri
Cheese	Ost
Cherry	Körsbär
Chicken	Kyckling
Chocolate	Choklad
Egg	Ägg
Eggplant	Äggplanta
Fish	Fisk
Grape	Druva
Ham	Skinka
Kiwi	Kiwi
Mushroom	Svamp
Rice	Ris
Tomato	Tomat
Wheat	Vete
Yogurt	Yoghurt

Fruit
Frukt

Apple	Äpple
Apricot	Aprikos
Avocado	Avokado
Banana	Banan
Berry	Bär
Cherry	Körsbär
Coconut	Kokos
Fig	Fikon
Grape	Druva
Guava	Guava
Kiwi	Kiwi
Lemon	Citron
Mango	Mango
Melon	Melon
Nectarine	Nektarin
Papaya	Papaya
Peach	Persika
Pear	Päron
Pineapple	Ananas
Raspberry	Hallon

Furniture
Möbler

Armchair	Fåtölj
Bed	Säng
Bench	Bänk
Bookcase	Bokhylla
Chair	Stol
Couch	Soffa
Curtains	Gardiner
Cushions	Kuddar
Desk	Skrivbord
Dresser	Byrå
Futon	Futon
Hammock	Hängmatta
Lamp	Lampa
Mattress	Madrass
Mirror	Spegel
Pillow	Kudde
Rug	Matta
Shelves	Hyllor

Garden
Trädgård

Bench	Bänk
Bush	Buske
Fence	Staket
Flower	Blomma
Garage	Garage
Garden	Trädgård
Grass	Gräs
Hammock	Hängmatta
Hose	Slang
Lawn	Gräsmatta
Orchard	Fruktträdgård
Pond	Damm
Porch	Veranda
Rake	Räfsa
Shovel	Skyffel
Terrace	Terrass
Trampoline	Trampolin
Tree	Träd
Vine	Vin
Weeds	Ogräs

Geography
Geografi

Altitude	Höjd
Atlas	Atlas
City	Stad
Continent	Kontinent
Country	Land
Equator	Ekvator
Hemisphere	Halvklot
Island	Ö
Latitude	Breddgrad
Map	Karta
Meridian	Meridian
Mountain	Berg
North	Norr
Region	Område
River	Flod
Sea	Hav
South	Söder
Territory	Territorium
West	Väst
World	Värld

Geology
Geologi

Acid	Syra
Calcium	Kalcium
Cavern	Grotta
Continent	Kontinent
Coral	Korall
Crystals	Kristaller
Cycles	Cykler
Earthquake	Jordbävning
Erosion	Erosion
Fossil	Fossil
Geyser	Gejser
Lava	Lava
Layer	Lager
Minerals	Mineraler
Plateau	Platå
Quartz	Kvarts
Salt	Salt
Stalactite	Stalaktit
Stone	Sten
Volcano	Vulkan

Hair Types
Hårtyper

Bald	Skallig
Black	Svart
Blond	Blond
Braided	Flätad
Braids	Flätor
Brown	Brun
Colored	Färgad
Curls	Lockar
Curly	Lockigt
Dry	Torr
Gray	Grå
Healthy	Friska
Long	Lång
Shiny	Skinande
Short	Kort
Soft	Mjuk
Thick	Tjock
Thin	Tunn
Wavy	Vågig
White	Vit

Herbalism
Herbalism

Aromatic	Aromatisk
Basil	Basilika
Beneficial	Välgörande
Culinary	Kulinarisk
Fennel	Fänkål
Flavor	Smak
Flower	Blomma
Garden	Trädgård
Garlic	Vitlök
Green	Grön
Ingredient	Ingrediens
Lavender	Lavendel
Marjoram	Mejram
Mint	Mynta
Oregano	Oregano
Parsley	Persilja
Plant	Växt
Rosemary	Rosmarin
Saffron	Saffran
Tarragon	Dragon

Hiking
Vandring

Animals	Djur
Boots	Stövlar
Camping	Camping
Cliff	Klippa
Climate	Klimat
Guides	Guide
Hazards	Risker
Heavy	Tung
Map	Karta
Mountain	Berg
Nature	Natur
Orientation	Orientering
Parks	Parker
Preparation	Förberedelse
Stones	Stenar
Summit	Toppmöte
Sun	Sol
Tired	Trött
Water	Vatten
Wild	Vild

House
Hus

Attic	Vind
Broom	Kvast
Curtains	Gardiner
Door	Dörr
Fence	Staket
Fireplace	Öppen Spis
Floor	Golv
Furniture	Möbel
Garage	Garage
Garden	Trädgård
Keys	Nycklar
Kitchen	Kök
Lamp	Lampa
Library	Bibliotek
Mirror	Spegel
Roof	Tak
Room	Rum
Shower	Dusch
Wall	Vägg
Window	Fönster

Human Body
Människokroppen

Ankle	Fotled
Blood	Blod
Bones	Ben
Brain	Hjärna
Chin	Haka
Ear	Öra
Elbow	Armbåge
Face	Ansikte
Finger	Finger
Hand	Hand
Head	Huvud
Heart	Hjärta
Jaw	Käke
Knee	Knä
Lips	Läppar
Mouth	Mun
Neck	Hals
Nose	Näsa
Shoulder	Axel
Skin	Hud

Insects
Insekter

Ant	Myra
Aphid	Bladlus
Bee	Bi
Beetle	Skalbagge
Butterfly	Fjäril
Cicada	Cikada
Cockroach	Kackerlacka
Dragonfly	Trollslända
Flea	Loppa
Grasshopper	Gräshoppa
Hornet	Bålgeting
Ladybug	Nyckelpiga
Larva	Larv
Mantis	Bönsyrsa
Mosquito	Mygga
Moth	Mal
Termite	Termit
Wasp	Geting
Worm	Mask

Kitchen
Kök

Apron	Förkläde
Bowl	Skål
Chopsticks	Ätpinnar
Cups	Koppar
Food	Mat
Forks	Gafflar
Freezer	Frys
Grill	Grill
Jar	Burk
Jug	Kanna
Kettle	Vattenkokare
Knives	Knivar
Ladle	Slev
Napkin	Servett
Oven	Ugn
Recipe	Recept
Refrigerator	Kylskåp
Spices	Kryddor
Sponge	Svamp
Spoons	Skedar

Landscapes
Landskap

Beach	Strand
Cave	Grotta
Cliff	Klippa
Desert	Öken
Geyser	Gejser
Glacier	Glaciär
Hill	Kulle
Iceberg	Isberg
Island	Ö
Lake	Sjö
Mountain	Berg
Oasis	Oas
Peninsula	Halvö
River	Flod
Sea	Hav
Swamp	Träsk
Tundra	Tundra
Valley	Dal
Volcano	Vulkan
Waterfall	Vattenfall

Literature
Litteratur

Analogy	Analogi
Analysis	Analys
Anecdote	Anekdot
Author	Författare
Biography	Biografi
Comparison	Jämförelse
Conclusion	Slutsats
Description	Beskrivning
Dialogue	Dialog
Metaphor	Metafor
Narrator	Berättare
Novel	Roman
Opinion	Åsikt
Poem	Dikt
Poetic	Poetisk
Rhyme	Rim
Rhythm	Rytm
Style	Stil
Theme	Tema
Tragedy	Tragedi

Mammals
Däggdjur

Bear	Björn
Beaver	Bäver
Bull	Tjur
Cat	Katt
Coyote	Prärievarg
Dog	Hund
Dolphin	Delfin
Elephant	Elefant
Fox	Räv
Giraffe	Giraff
Gorilla	Gorilla
Horse	Häst
Kangaroo	Känguru
Lion	Lejon
Monkey	Apa
Rabbit	Kanin
Sheep	Får
Whale	Val
Wolf	Varg
Zebra	Zebra

Math
Matematik

Angles	Vinklar
Arithmetic	Aritmetisk
Circumference	Omkrets
Decimal	Decimal
Diameter	Diameter
Division	Division
Equation	Ekvation
Exponent	Exponent
Fraction	Fraktion
Geometry	Geometri
Numbers	Tal
Parallel	Parallell
Polygon	Polygon
Radius	Radie
Rectangle	Rektangel
Square	Torg
Sum	Summa
Symmetry	Symmetri
Triangle	Triangel
Volume	Volym

Measurements
Mått

Byte	Byte
Centimeter	Centimeter
Decimal	Decimal
Degree	Grad
Depth	Djup
Gram	Gram
Height	Höjd
Inch	Tum
Kilogram	Kilogram
Kilometer	Kilometer
Length	Längd
Liter	Liter
Mass	Massa
Meter	Meter
Minute	Minut
Ounce	Uns
Ton	Ton
Volume	Volym
Weight	Vikt
Width	Bredd

Meditation
Meditation

Acceptance	Godkännande
Attention	Uppmärksamhet
Awake	Vaken
Breathing	Andas
Calm	Lugn
Clarity	Klarhet
Compassion	Medkänsla
Emotions	Känslor
Gratitude	Tacksamhet
Habits	Vanor
Kindness	Vänlighet
Mental	Psykisk
Mind	Sinne
Movement	Rörelse
Music	Musik
Nature	Natur
Peace	Fred
Perspective	Perspektiv
Silence	Tystnad
Thoughts	Tankar

Musical Instruments
Musikinstrument

Banjo	Banjo
Bassoon	Fagott
Cello	Cello
Clarinet	Klarinett
Drum	Trumma
Flute	Flöjt
Gong	Gong
Guitar	Gitarr
Harmonica	Munspel
Harp	Harpa
Mandolin	Mandolin
Marimba	Marimba
Oboe	Oboe
Percussion	Slagverk
Piano	Piano
Saxophone	Saxofon
Tambourine	Tamburin
Trombone	Trombon
Trumpet	Trumpet
Violin	Fiol

Mythology
Mytologi

Archetype	Arketyp
Behavior	Beteende
Beliefs	Tro
Creation	Skapande
Creature	Varelse
Culture	Kultur
Deities	Gudom
Disaster	Katastrof
Heaven	Himmel
Hero	Hjälte
Immortality	Odödlighet
Jealousy	Svartsjuka
Labyrinth	Labyrint
Legend	Legend
Lightning	Blixt
Monster	Monster
Mortal	Dödlig
Revenge	Hämnd
Thunder	Åska
Warrior	Krigare

Nature
Natur

Animals	Djur
Arctic	Arktisk
Beauty	Skönhet
Bees	Bin
Cliffs	Klippor
Clouds	Moln
Desert	Öken
Dynamic	Dynamisk
Erosion	Erosion
Fog	Dimma
Foliage	Lövverk
Forest	Skog
Glacier	Glaciär
Peaceful	Fredlig
River	Flod
Sanctuary	Fristad
Serene	Lugn
Tropical	Tropisk
Vital	Avgörande
Wild	Vild

Numbers
Nummer

Decimal	Decimal
Eight	Åtta
Eighteen	Arton
Fifteen	Femton
Five	Fem
Four	Fyra
Fourteen	Fjorton
Nine	Nio
Nineteen	Nitton
One	Ett
Seven	Sju
Seventeen	Sjutton
Six	Sex
Sixteen	Sexton
Ten	Tio
Thirteen	Tretton
Three	Tre
Twelve	Tolv
Twenty	Tjugo
Two	Två

Nutrition
Näring

Appetite	Aptit
Balanced	Balanserad
Bitter	Bitter
Calories	Kalorier
Carbohydrates	Kolhydrater
Diet	Kost
Digestion	Matsmältning
Edible	Ätlig
Fermentation	Jäsning
Flavor	Smak
Habits	Vanor
Health	Hälsa
Healthy	Friska
Nutrient	Näringsämne
Proteins	Proteiner
Quality	Kvalitet
Sauce	Sås
Toxin	Toxin
Vitamin	Vitamin
Weight	Vikt

Ocean
Hav

Algae	Alger
Coral	Korall
Crab	Krabba
Dolphin	Delfin
Eel	Ål
Fish	Fisk
Jellyfish	Manet
Octopus	Bläckfisk
Oyster	Ostron
Reef	Rev
Salt	Salt
Seaweed	Tång
Shark	Haj
Shrimp	Räka
Sponge	Svamp
Storm	Storm
Tides	Tidvatten
Tuna	Tonfisk
Turtle	Sköldpadda
Whale	Val

Pets
Husdjur

Cat	Katt
Collar	Krage
Cow	Ko
Dog	Hund
Fish	Fisk
Food	Mat
Goat	Get
Hamster	Hamster
Kitten	Kattunge
Leash	Koppel
Lizard	Ödla
Mouse	Mus
Parrot	Papegoja
Paws	Tassar
Puppy	Valp
Rabbit	Kanin
Tail	Svans
Turtle	Sköldpadda
Veterinarian	Veterinär
Water	Vatten

Pirates
Pirater

Adventure	Äventyr
Anchor	Ankare
Bad	Dålig
Beach	Strand
Captain	Kapten
Cave	Grotta
Coins	Mynt
Compass	Kompass
Crew	Besättning
Danger	Fara
Flag	Flagga
Gold	Guld
Island	Ö
Legend	Legend
Map	Karta
Parrot	Papegoja
Rum	Rom
Scar	Ärr
Sword	Svärd
Treasure	Skatt

Plants
Växter

Bamboo	Bambu
Bean	Böna
Berry	Bär
Botany	Botanik
Bush	Buske
Cactus	Kaktus
Fertilizer	Gödsel
Flora	Flora
Flower	Blomma
Foliage	Lövverk
Forest	Skog
Garden	Trädgård
Grass	Gräs
Ivy	Murgröna
Moss	Mossa
Petal	Kronblad
Root	Rot
Stem	Stam
Tree	Träd
Vegetation	Vegetation

Professions #1
Yrken # 1

Ambassador	Ambassadör
Astronomer	Astronom
Attorney	Advokat
Banker	Bankir
Cartographer	Kartograf
Coach	Tränare
Dancer	Dansare
Doctor	Läkare
Editor	Redaktör
Geologist	Geolog
Hunter	Jägare
Jeweler	Juvelerare
Musician	Musiker
Nurse	Sjuksköterska
Pianist	Pianist
Plumber	Rörmokare
Psychologist	Psykolog
Sailor	Sjöman
Tailor	Skräddare
Veterinarian	Veterinär

Professions #2
Yrken # 2

Astronaut	Astronaut
Biologist	Biolog
Dentist	Tandläkare
Detective	Detektiv
Engineer	Ingenjör
Farmer	Bonde
Illustrator	Illustratör
Inventor	Uppfinnare
Journalist	Journalist
Librarian	Bibliotekarie
Linguist	Lingvist
Painter	Målare
Philosopher	Filosof
Photographer	Fotograf
Physician	Läkare
Pilot	Pilot
Researcher	Forskare
Surgeon	Kirurg
Teacher	Lärare
Zoologist	Zoolog

Rainforest
Regnskog

Amphibians	Amfibier
Birds	Fåglar
Botanical	Botanisk
Climate	Klimat
Clouds	Moln
Community	Gemenskap
Diversity	Mångfald
Indigenous	Inhemsk
Insects	Insekter
Jungle	Djungel
Mammals	Däggdjur
Moss	Mossa
Nature	Natur
Preservation	Bevarande
Refuge	Tillflykt
Respect	Respekt
Restoration	Restaurering
Species	Art
Survival	Överlevnad
Valuable	Värdefull

Restaurant #1
Restaurang # 1

Allergy	Allergi
Bowl	Skål
Bread	Bröd
Cashier	Kassör
Chicken	Kyckling
Coffee	Kaffe
Dessert	Efterrätt
Food	Mat
Ingredients	Ingredienser
Kitchen	Kök
Knife	Kniv
Meat	Kött
Menu	Meny
Napkin	Servett
Plate	Platta
Reservation	Bokning
Sauce	Sås
Spicy	Kryddad
Waitress	Servitris

Restaurant #2
Restaurang nr 2

Beverage	Dryck
Cake	Kaka
Chair	Stol
Delicious	Läcker
Dinner	Middag
Eggs	Ägg
Fish	Fisk
Fork	Gaffel
Fruit	Frukt
Ice	Is
Lunch	Lunch
Noodles	Nudlar
Salad	Sallad
Salt	Salt
Soup	Soppa
Spices	Kryddor
Spoon	Sked
Vegetables	Grönsaker
Waiter	Servitör
Water	Vatten

School #1
Skola # 1

Alphabet	Alfabet
Answers	Svar
Books	Böcker
Chair	Stol
Classroom	Klassrum
Desk	Skrivbord
Exams	Examen
Folders	Mappar
Friends	Vänner
Fun	Roligt
Library	Bibliotek
Lunch	Lunch
Markers	Markörer
Math	Matematik
Numbers	Tal
Paper	Papper
Pencil	Penna
Pens	Pennor
Quiz	Frågesport
Teacher	Lärare

School #2
Skola #2

Academic	Akademisk
Activities	Aktiviteter
Backpack	Ryggsäck
Books	Böcker
Bus	Buss
Calendar	Kalender
Computer	Dator
Dictionary	Ordbok
Education	Utbildning
Eraser	Suddgummi
Grammar	Grammatik
Library	Bibliotek
Literature	Litteratur
Paper	Papper
Pencil	Penna
Science	Vetenskap
Scissors	Sax
Supplies	Tillbehör
Teacher	Lärare
Weekends	Helger

Science
Vetenskap

Atom	Atom
Chemical	Kemisk
Climate	Klimat
Data	Data
Evolution	Evolution
Experiment	Experiment
Fact	Faktum
Fossil	Fossil
Gravity	Allvar
Hypothesis	Hypotes
Laboratory	Laboratorium
Method	Metod
Minerals	Mineraler
Molecules	Molekyler
Nature	Natur
Organism	Organism
Particles	Partiklar
Physics	Fysik
Plants	Växter
Scientist	Forskare

Science Fiction
Science Fiction

Atomic	Atom
Books	Böcker
Chemicals	Kemikalier
Cinema	Bio
Dystopia	Dystopi
Explosion	Explosion
Extreme	Extrem
Fantastic	Fantastisk
Fire	Eld
Futuristic	Trogen
Galaxy	Galax
Illusion	Illusion
Imaginary	Imaginär
Mysterious	Mystisk
Oracle	Orakel
Planet	Planet
Robots	Robotar
Technology	Teknik
Utopia	Utopi
World	Värld

Scientific Disciplines
Vetenskapliga Discipliner

Anatomy	Anatomi
Archaeology	Arkeologi
Astronomy	Astronomi
Biochemistry	Biokemi
Biology	Biologi
Botany	Botanik
Chemistry	Kemi
Ecology	Ekologi
Geology	Geologi
Immunology	Immunologi
Kinesiology	Kinesiologi
Linguistics	Lingvistik
Mechanics	Mekanik
Mineralogy	Mineralogi
Neurology	Neurologi
Physiology	Fysiologi
Psychology	Psykologi
Sociology	Sociologi
Thermodynamics	Termodynamik
Zoology	Zoologi

Shapes
Former

Arc	Båge
Circle	Cirkel
Cone	Kon
Corner	Hörn
Cube	Kub
Curve	Kurva
Cylinder	Cylinder
Edges	Kanter
Ellipse	Ellips
Hyperbola	Hyperbel
Line	Linje
Oval	Oval
Polygon	Polygon
Prism	Prisma
Pyramid	Pyramid
Rectangle	Rektangel
Side	Sida
Sphere	Sfär
Square	Torg
Triangle	Triangel

Spices
Kryddor

Anise	Anis
Bitter	Bitter
Cardamom	Kardemumma
Cinnamon	Kanel
Clove	Kryddnejlika
Coriander	Koriander
Cumin	Kummin
Curry	Curry
Fennel	Fänkål
Flavor	Smak
Garlic	Vitlök
Ginger	Ingefära
Licorice	Lakrits
Nutmeg	Muskot
Onion	Lök
Paprika	Paprika
Saffron	Saffran
Salt	Salt
Sweet	Söt
Vanilla	Vanilj

Sports
Sporter

Athlete	Idrottare
Baseball	Baseboll
Basketball	Basket
Bicycle	Cykel
Championship	Mästerskap
Coach	Tränare
Game	Spel
Golf	Golf
Gymnasium	Gymnasium
Gymnastics	Gymnastik
Hockey	Hockey
Movement	Rörelse
Player	Spelare
Referee	Domare
Stadium	Stadion
Team	Team
Tennis	Tennis
Winner	Vinnare

Summer
Sommaren

Beach	Strand
Books	Böcker
Camping	Camping
Diving	Dykning
Family	Familj
Food	Mat
Friends	Vänner
Games	Spel
Garden	Trädgård
Home	Hem
Joy	Glädje
Leisure	Fritid
Memories	Minnen
Music	Musik
Relaxation	Avkoppling
Sandals	Sandaler
Sea	Hav
Stars	Stjärnor
Travel	Resa
Vacation	Semester

Surfing
Surfa

Athlete	Idrottare
Beach	Strand
Beginner	Nybörjare
Champion	Mästare
Crowds	Folkmassor
Extreme	Extrem
Foam	Skum
Fun	Roligt
Ocean	Hav
Paddle	Paddla
Popular	Populär
Reef	Rev
Speed	Hastighet
Spray	Spray
Stomach	Mage
Strength	Styrka
Style	Stil
Wave	Våg
Weather	Väder

Technology
Teknologi

Blog	Blogg
Bytes	Byte
Camera	Kamera
Computer	Dator
Cursor	Markör
Data	Data
Digital	Digital
Display	Visa
File	Fil
Font	Teckensnitt
Internet	Internet
Message	Meddelande
Research	Forskning
Screen	Skärm
Security	Säkerhet
Software	Programvara
Statistics	Statistik
Virtual	Virtuell
Virus	Virus

Time
Tid

Annual	Årlig
Before	Före
Calendar	Kalender
Century	Århundrade
Clock	Klocka
Day	Dag
Decade	Årtionde
Early	Tidig
Future	Framtid
Hour	Timme
Minute	Minut
Month	Månad
Morning	Morgon
Night	Natt
Noon	Middag
Now	Nu
Soon	Snart
Today	Idag
Week	Vecka
Year	År

Town
Staden

Airport	Flygplats
Bakery	Bageri
Bank	Bank
Bookstore	Bokhandel
Cafe	Kafé
Cinema	Bio
Clinic	Klinik
Gallery	Galleri
Hotel	Hotell
Library	Bibliotek
Market	Marknad
Museum	Museum
Pharmacy	Apotek
School	Skola
Stadium	Stadion
Store	Lagra
Supermarket	Mataffär
Theater	Teater
University	Universitet
Zoo	Zoo

Toys
Leksaker

Airplane	Flygplan
Ball	Boll
Bicycle	Cykel
Boat	Båt
Books	Böcker
Car	Bil
Chess	Schack
Clay	Lera
Crafts	Hantverk
Crayons	Krita
Doll	Docka
Drums	Trummor
Favorite	Favorit
Games	Spel
Imagination	Fantasi
Kite	Drake
Puzzle	Pussel
Robot	Robot
Train	Tåg
Truck	Lastbil

Vacation #2
Semester # 2

Airport	Flygplats
Beach	Strand
Camping	Camping
Destination	Destination
Foreign	Utländsk
Foreigner	Utlänning
Holiday	Semester
Hotel	Hotell
Island	Ö
Journey	Resa
Leisure	Fritid
Map	Karta
Mountains	Berg
Passport	Pass
Sea	Hav
Taxi	Taxi
Tent	Tält
Train	Tåg
Transportation	Transport
Visa	Visum

Vegetables
Grönsaker

Artichoke	Kronärtskocka
Broccoli	Broccoli
Carrot	Morot
Cauliflower	Blomkål
Celery	Selleri
Cucumber	Gurka
Eggplant	Äggplanta
Garlic	Vitlök
Ginger	Ingefära
Mushroom	Svamp
Onion	Lök
Parsley	Persilja
Pea	Ärta
Pumpkin	Pumpa
Radish	Rädisa
Salad	Sallad
Shallot	Schalottenlök
Spinach	Spenat
Tomato	Tomat
Turnip	Rova

Vehicles
Fordon

Airplane	Flygplan
Ambulance	Ambulans
Bicycle	Cykel
Boat	Båt
Bus	Buss
Car	Bil
Caravan	Husvagn
Ferry	Färja
Helicopter	Helikopter
Motor	Motor
Raft	Flotte
Rocket	Raket
Scooter	Skoter
Shuttle	Skyttel
Submarine	Ubåt
Subway	Tunnelbana
Taxi	Taxi
Tires	Däck
Tractor	Traktor
Truck	Lastbil

Virtues #1
Dygder #1

Artistic	Konstnärlig
Charming	Charmig
Clean	Ren
Confident	Säker
Curious	Nyfiken
Decisive	Avgörande
Efficient	Effektiv
Funny	Rolig
Generous	Generös
Good	Bra
Helpful	Hjälpsam
Imaginative	Fantasifull
Independent	Oberoende
Intelligent	Intelligent
Modest	Blygsam
Passionate	Passionerad
Patient	Patient
Practical	Praktisk
Reliable	Pålitlig
Wise	Klok

Visual Arts
Visuella Konsterna

Architecture	Arkitektur
Artist	Konstnär
Ceramics	Keramik
Chalk	Krita
Charcoal	Träkol
Clay	Lera
Creativity	Kreativitet
Easel	Staffli
Film	Film
Masterpiece	Mästerverk
Painting	Målning
Pen	Penna
Perspective	Perspektiv
Photograph	Fotografi
Portrait	Porträtt
Sculpture	Skulptur
Stencil	Stencil
Varnish	Lack
Wax	Vax

Water
Vatten

Canal	Kanal
Damp	Fuktig
Evaporation	Avdunstning
Flood	Översvämning
Frost	Frost
Geyser	Gejser
Humidity	Fuktighet
Hurricane	Orkan
Ice	Is
Irrigation	Bevattning
Lake	Sjö
Moisture	Fukt
Monsoon	Monsun
Ocean	Hav
Rain	Regn
River	Flod
Shower	Dusch
Snow	Snö
Steam	Ånga
Waves	Vågor

Weather
Väder

Atmosphere	Atmosfär
Breeze	Bris
Climate	Klimat
Cloud	Moln
Drought	Torka
Dry	Torr
Fog	Dimma
Hurricane	Orkan
Ice	Is
Lightning	Blixt
Monsoon	Monsun
Polar	Polära
Rainbow	Regnbåge
Sky	Himmel
Storm	Storm
Temperature	Temperatur
Thunder	Åska
Tornado	Tromb
Tropical	Tropisk
Wind	Vind

Congratulations

You made it!

We hope you enjoyed this book as much as we enjoyed making it. We do our best to make high quality games.
These puzzles are designed in a clever way for you to learn actively while having fun!

Did you love them?

A Simple Request

Our books exist thanks your reviews. Could you help us by leaving one now?

Here is a short link which will take you to your order review page:

BestBooksActivity.com/Review50

MONSTER CHALLENGE!

Challenge #1

Ready for Your Bonus Game? We use them all the time but they are not so easy to find. Here are **Synonyms**!

Note 5 words you discovered in each of the Puzzles noted below (#21, #36, #76) and try to find 2 synonyms for each word.

Note 5 Words from *Puzzle 21*

Words	Synonym 1	Synonym 2

Note 5 Words from *Puzzle 36*

Words	Synonym 1	Synonym 2

Note 5 Words from *Puzzle 76*

Words	Synonym 1	Synonym 2

Challenge #2

Now that you are warmed-up, note 5 words you discovered in each Puzzle noted below (#9, #17, #25) and try to find 2 antonyms for each word.
How many lines can you do in 20 minutes?

Note 5 Words from *Puzzle 9*

Words	Antonym 1	Antonym 2

Note 5 Words from *Puzzle 17*

Words	Antonym 1	Antonym 2

Note 5 Words from *Puzzle 25*

Words	Antonym 1	Antonym 2

Challenge #3

Wonderful, this monster challenge is nothing to you!

Ready for the last one? Choose your 10 favorite words discovered in any of the Puzzles and note them below.

1.	6.
2.	7.
3.	8.
4.	9.
5.	10.

Now, using these words and within a maximum of six sentences, your challenge is to compose a text about a person, animal or place that you love!

Tip: You can use the last blank page of this book as a draft!

Your Writing:

Explore a Unique Store
Set Up **FOR YOU!**

MEGA DEALS

BestActivityBooks.com/**TheStore**

Designed for Entertainment!

Light Up Your Brain With Unique **Gift Ideas**.

Access **Surprising** And **Essential Supplies!**

CHECK OUT OUR MONTHLY SELECTION NOW!

- Expertly Crafted Products -

NOTEBOOK:

SEE YOU SOON!

Linguas Classics Team

ENJOY
FREE
GAMES

NOW ON

BESTACTIVITYBOOKS.COM/FREEGAMES